Böckler- und Löwlerkrieg

„Ir wist, das mein vater vnder den herren von Bayern verdorben vnd seyne kinder zu bettlern worden seyn."

Argula von Grumbach

Danksagung

Unser Dank gilt Stefan Müller und dem ganzen Team vom Zeughaus Verlag, die dieses Buch ermöglicht haben.
Für das Vorwort und wertvolle Hinweise danken wir Stefan Roth ganz herzlich.
Die wundervollen Rekonstruktionszeichnungen der Burgen stellte Wolfgang Braun zur Verfügung, ein herzliches Dankeschön dafür.
Die Bilder der Burg Altnußberg verdanken wir Franz Raith vom Burgverein Altnußberg und Maria-Luise Wenzl von der Gemeinde Geiersthal.
Die Bilder der Burg Weißenstein stellte dankenswerterweise Josef Niedermeier vom Burgverein Weißenstein zur Verfügung.
Vielen Dank auch an Daniela Güthner von der Bayerischen Verwaltung der staatlichen Schlösser, Gärten und Seen.
In Szene gesetzt haben sich für dieses Buch die Mitglieder von Arma-Georgii, ein herzliches Dankeschön. Das gilt auch dem Fotografen Fred Wutz.
Weitere Bilder steuerten Anja Hiebinger vom „Veldenzer Aufgebot" sowie Elke Hauptmann und Michael Sicher bei.
Darüber hinaus erhielten wir Bilder von Daniel Burger, Susanne Groß, Andreas Petitjean, Christopher Retsch, Franziska Schatek und Andreas Vollborn-Rahn, ihnen allen gilt unser Dank.
Ein großes Kompliment für die eindrucksvolle historische Darstellung an das Sankt Adrianus Fähnlein.
Für Rat und Tat, insbesondere für die wertvollen Hinweise und die Erstellung etlicher Bildunterschriften ein herzliches Dankeschön an Moritz Seeburger.

Autoren: Robert Čadek und Hagen Seehase
Vorwort: Stefan Roth
Zeichnungen: Sascha Lunyakov
Karte: Bernhard Glänzer

Lektorat: Katja Leipnitz
Layout: Stefan Müller

Herausgeber: Zeughaus Verlag GmbH
Knesebeckstr. 88
10623 Berlin

Telefon: 030/315 700 30
Fax: 030/315 700 77
Email: info@zeughausverlag.de
Internet: www.zeughausverlag.de

Printed in European Union

ISBN: 978-3-96360-018-0

Titelbild:
Eine Reitergruppe ist in ein Feldlager eingebrochen.
Foto: Christopher Retsch

Der Inhalt

Bibliografische Informationen der Deutschen Bibliothek
Die Deutsche Bibliothek verzeichnet diese Publikation in der Deutschen Nationalbibliografie; detaillierte bibliografische Daten sind im Internet über http://dnb.ddb.de abrufbar.

Zeittafel

1428 Gründung der „Geselschafft vom Aingehürn“, Vorläufer des Böcklerbundes

30. August 1466 Gründung des Böcklerbundes

3. September 1467 Amtsverzicht Herzog Sigmunds von Bayern-München

19. Oktober 1467 kaiserlicher Befehl zur Auflösung des Bundes

28. Oktober 1467 formelle Auflösung des Bundes

24. Juni 1468 Herzog Albrecht IV. von Bayern-München setzt sich in den Besitz der Burg Degenberg

4. oder 5. Dezember 1468 Übergabe der Saldenburg

5. Dezember 1468 Eroberung der Burg Weißenstein

6. Mai 1469 Herzog Christoph überlässt seinem Bruder Albrecht IV. die Alleinregierung

23. Februar 1471 Gefangennahme Herzog Christophs in München

9. April 1472 missglückter Befreiungsversuch durch Pfalzgraf Otto II. von Pfalz-Neumarkt-Mosbach

19. Oktober 1472 Freilassung Herzog Christophs

20. März 1475 Schiedsspruch von Straubing, Herzog Christoph entsagt für weitere zehn Jahre der Regierungsgewalt und wird finanziell entschädigt

8. Mai 1476 Herzog Christoph fordert Herzog Albrecht IV. zum Zweikampf auf

ab 1476 Herzog Christoph kämpft in ungarischen Diensten

Anfang 1485 Fehde zwischen Herzog Christoph und Herzog Albrecht IV., die Burgen Christophs werden erobert

28. Februar 1485 Niklas von Abensberg wird in einem Gefecht von Leuten Herzog Christophs getötet

17. Juni 1485 erneuter Verzicht Herzog Christophs auf eine Regierungsbeteiligung

2. Januar 1487 Heirat Albrechts IV. mit der Kaisertochter Kunigunde von Habsburg

Herbst 1487 Herzog Christoph nimmt am Krieg des Kaisers gegen Ungarn teil

14. Februar 1488 Gründung des Schwäbischen Bundes

14. Juli 1489 Gründung des Löwlerbundes

November 1489 Beitritt der Herzöge Christoph und Wolfgang zum Löwlerbund

1490 Herzog Christoph nimmt an einem weiteren Feldzug des Kaisers gegen Ungarn teil

30. November 1490 Bündnis zwischen Löwlerbund und Schwäbischem Bund

Oktober 1491 Verhängung der Reichsacht über Regensburg

3. November 1491 Bestätigung des Löwlerbunds durch Kaiser Friedrich III.

9. Dezember 1491 erste Fehdebriefe der Löwler an Herzog Albrecht IV.

12./13. Dezember 1491 Überfall auf Pfatter, Beginn des Löwlerkrieges

Dezember 1491 Erstürmung einiger Burgen der „Löwler“ durch herzogliche Truppen

5. Januar 1492 Eroberung der Burg Flügelsberg

22. oder 23. Januar 1492 Eroberung der Burg Ehrenfels

23. Januar 1492 Reichsacht gegen Herzog Albrecht IV.

12. Mai 1492 Kauferingen wird durch Truppen des Schwäbischen Bundes gestürmt

19. Mai 1492 Beginn von Verhandlungen in Augsburg

Mai/Juni 1492 erneute Kampfhandlungen zwischen Löwlern und Herzog Albrecht IV.

7. August 1493 vorläufiger Friedensschluss zwischen Löwlern und Herzog Albrecht IV.

14. Februar 1494 Landtag von Straubing, Ausgleich zwischen Löwlern und Herzog Albrecht IV.

15. (oder 8.) August 1493 Tod Herzog Christophs auf Rhodos

Vorwort

Es ist schon kurios, dass als Auftakt zum jahrelangen Konflikt zwischen Rittern, Herzögen und Kaiser der Justizmord an einer Bürgerlichen steht. Unendlich starre Standesschranken verhinderten, dass Herzog Albrecht III. mit seiner bildhübschen Ehefrau, Agnes Bernauer, glücklich werden konnte. Diese Schranken waren so unüberwindlich, dass seine Gemahlin von seinem Vater kurzerhand umgebracht wurde, damit er standesgemäß eine Adelige heiraten konnte, um das Geschlecht zu erhalten. Albrecht tat dies. Aber er tat darüber hinaus nicht mehr viel. Sein kurzzeitig aufflackernder politischer und dynastischer Ehrgeiz erlahmte vollkommen.

Diese Darstellung ist sicher grob verallgemeinert, doch fest steht, dass Albrecht III. sich nach dem Tod seiner geliebten Agnes kaum mehr um politische Belange kümmerte. Er zeugte zwar mit seiner zweiten Frau, Anna, zehn Kinder, doch waren ihm fortan bis an sein Lebensende religiöse Angelegenheiten wichtiger als militärische Fragen, was ihm den Beinamen „der Fromme“ eintrug. Seine unglückliche Erbteilungsregel, die erst von seinem Sohn, Albrecht IV., aufgehoben wurde (Primogeniturgesetz), führte zu einiger Unruhe im Herzogtum Bayern.

Wie schlecht die Entscheidung Albrechts III. und wie richtig die seines gleichnamigen Sohnes war, zeigte sich im Aufbegehren der anderen Brüder. Vor allem Bruder Christoph, mit Beiname „der Starke“, war mit der Regelung recht unzufrieden. Um sich mehr Gehör zu verschaffen, wandte er sich an den Ritterbund der „Böckler“. Dieser Bund bestand aus einigen Ritterfamilien, denen es im Verlauf des frühen 15. Jahrhunderts gelungen war, ihre jeweiligen Machtbereiche zu vergrößern und sich einige Privilegien zu sichern. Als Christoph sich an den Bund wandte, verfolgte dieser natürlich auch eigene Interessen. Doch der Kaiser schlief nicht. Wegen der zu erwartenden Unruhe, hatte der Reichstag beschlossen, dass dieser Bund sich aufzulösen habe. Das geschah auch 1467. Allerdings weigerten sich einige Unzufriedene, freiwillig auf ihren Einfluss zu verzichten. Sie wandten sich zwecks neuer Bündnispartner nach Böhmen, wo sie fündig wurden. 1468–1469 kam es nun doch zum Krieg, den Herzog Albrecht IV. gewann. Sein Bruder entsagte vorerst der Mitregentschaft, wurde von seinem (zu Recht) misstrauischen Bruder ein Weilchen eingesperrt, dann wieder freigelassen, intrigierte dann erneut. Jahre später starb er während einer Pilgerfahrt auf der Insel Rhodos.

Die Unruhen waren danach allerdings nicht zu Ende. Die nervösen bayrischen Ritter blieben weiter unruhig. 1489 gründeten sie den „Löwlerbund“, der sich abermals gegen Herzog Albrecht wandte. Dem Herzog war es in den vorangegangenen 20 Jahren gelungen, seine Macht auszubauen. Das sahen die Ritter nicht gern, denn es waren ihre Rechte, die beschnitten wurden. Das missfiel aber auch Kaiser Friedrich III., dem der Wittelsbacher zu mächtig wurde. Albrecht hatte es irgendwie geschafft, die Tochter des Kaisers, Kunigunde, zu heiraten, was den Herrscher zutiefst verdross. Im „Böcklerkrieg“ hatte er den Herzog noch unterstützt. Doch nun sah er sich gezwungen, den „Schwäbischen Bund “ als Gegengewicht ins Leben zu rufen, der sich sogar mit dem „Löwlerbund“ vereinigte …

… und hier halte ich inne, denn ich will die Geschehnisse dieses gut geschriebenen und fundiert recherchierten Buches nicht vorwegnehmen. Ich wünsche also allen Lesern viel Vergnügen bei der folgenden Lektüre.

Stefan Roth, Seelenschmiede

Aufmarsch der Fußkrieger im Winter, dargestellt durch Reenactors der Gruppe Arma Georgii, Foto: Fred Wutz

Prolog

Die Malefikantin wurde von der Brücke in die Donau gestürzt. Offenbar konnte sie sich fast bis ans Ufer retten, bis ein Folterknecht eingriff und der Hinrichtung zu ihrem gewünschten, ordnungsgemäßen (mörderischen) Verlauf verhalf. So geschehen am 12. Oktober 1435.

Das Opfer des Justizmords war aber keine jener namenlosen Frauen, denen abstruse, damals aber durchaus allseits ernst genommene Hexerei Vorwürfe zur Nemesis wurden, sondern eine politische Figur. Ihre allzu große Nähe zu einem Prinzen wurde ihr Verhängnis. Jener Prinz, von dem die Rede ist, war der spätere Herzog Albrecht III. von Bayern-München. Seine Regierungszeit verlief weitgehend unspektakulär. Bekannt wurde er durch seine Beziehung zu Agnes Bernauer, deren trauriges Ende oben beschrieben ist. Doch der Reihe nach: Albrecht III. kam 1401 zur Welt. Sein Vater war der aus der mächtigen Familie der Wittelsbacher stammende Ernst I. von Bayern-München. Seine Mutter war Elisabetta Visconti, eine Tochter des Mailänder Stadtherrn Bernabo Visconti. Wurden die Geschwister Albrechts in der Münchner Residenz der Wittelsbacher geboren, erblickte der zukünftige Herzog wohl im oberbayerischen Wolfratshausen das Licht der Welt. Denn zum Ende des 14. Jahrhunderts kam es immer wieder zu Revolten in München. So zog es das Herrscherpaar vor, der Landeshauptstadt den Rücken zu kehren und von 1397 bis 1403 nach Oberbayern zu ziehen.

Hinrichtung der Agnes Bernauer 1435
(Abbildung aus Geschichte Bayerns von Josef M. Mayer)

Anmarsch schwergerüsteter Krieger, Foto: Fred Wutz

Besagte Revolten hatten einen familiären Ursprung. Und wie so oft in damaliger Zeit ging es um Machtansprüche innerhalb der Familie Wittelsbach. Ernst und sein Onkel Stephan III. aus der Wittelsbacher Linie Bayern-Ingolstadt waren sich spinnefeind, der Grund: Erbansprüche auf die Stadt München. Und als die Münchner Zünfte im Jahre 1396 gegen Ernst rebellierten, stellte sich Stephan auf deren Seite. Dies zwang Ernst zu einem Krieg gegen die Münchner und gegen die Wittelsbacher Linie Bayern-Ingolstadt. Denn Ernst wollte sein Anrecht auf das Erbe in keinem Fall kampflos abtreten. Anno 1402 behauptete sich Ernst, München gehörte ihm, seine Verwandtschaft aus der Linie Bayern-Ingolstadt verzichtete auf dortige Machtansprüche. Ein paar Jahre herrschte Ruhe. Doch 1410 verbündeten sich die Zünfte Münchens abermals mit Stephan. Diesmal versuchte er, sich mit deren Hilfe Tirol unter den Nagel zu reißen.

Herzog Ernst von Bayern-München

Aber nicht nur mit dem Hause Bayern-Ingolstadt musste oder wollte sich Herzog Ernst von Bayern-München anlegen. So machte er sich keine Freunde, als er sich auf die Seite des böhmischen Königs Wenzel schlug. Wenzel, genannt der Faule, wurde im Jahr 1400 als römisch-deutscher König von den vier rheinischen Kurfürsten abgesetzt. Sich mit dem König zu verbünden, war seitens Ernsts keine weise Wahl, denn sein Schwager Wenzel[1] galt schon zu Lebzeiten bei seinen Zeitgenossen als unberechenbarer Irrer und der Trunksucht verfallen, was zu seiner Beliebtheit nicht gerade beitrug. Dadurch, dass Ernst dem abgesetzten Schwager und König beistand, verdarb er es sich mit seinem Vetter König Ruprecht von Pfalz. Kurzum, überall im südlichen Teil des Heiligen Römischen Reiches Deutscher Nation herrschten Zwist, Missgunst, Verrat und meist auch kriegerische Auseinandersetzungen. Dies lag vor allem auch an der vorangegangenen Bayerischen Landesteilung von 1392, als man das Erbe des 1375 verstorbenen Herzogs Stephan II. von Bayern-Landshut in die drei Herzogtümer Bayern-Landshut, Bayern-Ingolstadt und Bayern-München aufteilte. Ab diesem Zeitpunkt versuchte jedes der drei Herzogtümer, die anderen zu dominieren, was zu nicht endenden Auseinandersetzungen führte. In dieser unruhigen Welt wuchs der angehende Herzog Albrecht III. auf. Wobei auch nicht vergessen werden darf, dass das Spätmittelalter die heutige Definition der Kindheit nicht kannte. Selbst noch sehr kleine Kinder galten als kleine Erwachsene. Und sie wurden in die

1 *König Wenzel war mit Ernsts jüngerer Schwester Sophie verheiratet*

Geschichte des Turniers

Die Ursprünge des Turniers liegen im Frühen Mittelalter. Der Wettkampf zwischen einzelnen Kriegern oder Gruppen war zu dieser Zeit nichts anderes als das heutige Armee-Manöver. So sollten die gepanzerten Krieger in Friedenszeiten den Waffengang üben. Aus diesem Training begann sich aber bereits im 10. Jahrhundert ein Ereignis mit gesellschaftlicher Bedeutung zu entwickeln. Auch politisch wurden Turniere immer wichtiger: Karl der Kahle besiegelte im Jahr 842 seine Allianz mit Ludwig dem Deutschen mit Reiterspielen. Im Hochmittelalter entwickelte sich der Tjost zum wichtigen gesellschaftlichen Ereignis, bei dem den Siegern hohe Prämien zufielen. Ende des 11. Jahrhunderts wandelten sich zuerst in Frankreich die Spiele zu richtigen Wettkämpfen. Der französische Edelmann Geoffrey de Preuilly gilt heute als der eigentliche Erfinder des Turniers. Seine Idee des ritterlichen Wettstreites wurde ihm schließlich sogar zum Verhängnis: Die Chronik von St. Martin de Tours aus der Zeit um 1066 berichtet, er sei 1062 bei einem Turnier im südfranzösischen Angers tödlich verunglückt. Veranstalter der Events waren meist wohlhabende Fürsten und Grafen. Sie ließen die Termine rund 14 Tage vorher durch Boten ausrufen, die mit wertvollen Preisen wie Jagdfalken, Windhunden, Schmuck oder Waffen zur Teilnahme lockten. Die romantische Dichtung des Mittelalters erzählt aber auch von Kränzen, Küssen oder gar der Hand einer reichen Erbin als Preis. Trotz der Gefahr von Verletzungen oder Tod dauerte es nicht lange, bis der neue Kampfsport auch Anhänger östlich des Rheins fand. Das älteste dokumentierte Turnier auf deutschem Boden fand 1127 in Würzburg statt. Die „Chefideologen“ der Kirche sahen die Turniere als „pestifer ludus torneamentorum“ (das verderbliche Turnierspiel) an. Sie seien eine Gefahr für Moral und Sitte. Außerdem bereitete die Profit-Gier der Teilnehmer den Klerikern immer mehr Sorgen. Dem Gezeter der Kirche zum Trotz hielten sich die Ritterspiele aber bis ins 16. Jahrhundert. Und dies, obwohl die militärische Bedeutung des Rittertums schon längst unbedeutend geworden war. Denn angesichts der Söldnerheere, ihren langen Piken und Feuerwaffen, verlor der Kampf Mann gegen Mann im 15. Jahrhundert seinen Sinn. Trotzdem veranstalteten die Renaissance-Fürsten, allen voran Kaiser Maximilian (1459–1519), weitere Turniere. Nicht zuletzt deshalb nannte ihn die Geschichtsschreibung den „letzten Ritter“. Aber das Tournament diente jetzt nur noch als reine Belustigung und gesellschaftliches Spektakulum bei Hof.

Machtspiele der Erwachsenen einbezogen.[2] Wenn auch über Albrechts Jugend nichts bekannt ist, kann man davon ausgehen, dass er ähnlich aufwuchs wie die meisten adligen Kinder und Jugendlichen dieser Zeit, die auf ein weltliches Leben voller Kampf und Krieg vorbereitet wurden. Einige Jahre verbrachte der junge Albrecht aber in der Obhut seiner Tante Sophie am Prager Hof.

Sicher entging dem zehnjährigen Albrecht nicht, dass sein Vater Ernst 1411 als Gesandter des noch böhmischen, aber abgesetzten deutschen Königs Wenzel des Faulen in Frankfurt mit dafür sorgte, dass Wenzels Bruder Sigismund von Luxemburg zum römisch-deutschen König gewählt wurde. Sigismund, der bereits König von Ungarn war, erlangte zudem im Jahre 1419 auch die böhmische Krone und herrschte ab 1433 als römisch-deutscher Kaiser. Das Schicksal von Ernst und Sigismund war seit der Königswahl im Jahr 1411 stark verwoben. So bildete Ernst später auch eine Allianz mit Sigismund gegen die Hussiten. Während sein Sohn Albrecht wohl eine umfassende militärische Ausbildung erhielt, focht Vater Ernst durchgehend Konflikte und Kriege aus. So unterstützte er beispielsweise die Landshuter im Krieg mit Ingolstadt. Und er schmiedete mit seinem Bruder und Mitregenten Wilhelm III. und seinem Verwandten Herzog Heinrich XVI. von Bayern-Landshut eine Allianz gegen Ludwig VII. von Bayern-Ingolstadt, der natürlich auch ein Verwandter war. Die Dreiteilung Bayerns von 1392 zeigte nach wie vor Wirkung. Die nicht endenden Rivalitäten zwischen Ernst und seinem Vetter Ludwig VII. mündeten in den Bayerischen Krieg. Dieser begann im Jahre 1420 mit dem Überfall und der Brandschatzung der Nürnberger Burggrafenfeste durch Ludwig und endete am 19. September 1422 mit einer Entscheidungsschlacht bei Alling. Sonderlich viel zum Verlauf des Kampfes ist nicht überliefert, aber einige Historiker sehen die Schlacht eher als Geplänkel oder Scharmützel. Bekannt ist nur, dass Ludwig die Auseinandersetzung verlor. Von dieser erholte er sich nie wieder richtig, da sie ihn letztendlich sein Herzogtum Bayern-Ingolstadt kostete.

Sigismund von Luxemburg – inzwischen auch König von Böhmen – hatte zwar alle Hände voll damit zu tun, die Hussiten zu bekämpfen und im Zaum zu halten. Doch sorgte er zumindest dafür, dass die verfeindeten Vettern vorerst einen vierjährigen Frieden schließen mussten. Um sicher zu gehen, dass dieser auch eingehalten wird, nahm er Ludwig mit auf seinen Königshof in Ungarn. Heinrich XVI. schickte er nach Litauen zur Unterstützung des dort kämpfenden Deutschen Ordens. Somit waren die Hauptrivalen vorerst räumlich voneinander weit getrennt. In besagter Schlacht bei Alling taucht Albrecht III. das erste Mal historisch greifbar auf. So ist erwiesen, dass er als inzwischen 21-Jähriger an den Kampfhandlungen teilnahm. Es geht die Geschichte, dass sein Vater Ernst ihn dort eigenhändig aus einer lebensbedrohlichen Lage befreite. So soll Albrechts Pferd bei einem Angriff gestürzt sein. Albrecht fand sich von feindlichen Soldaten umringt. Als Ernst die Situation erkannte, in der sich sein Sohn befand, soll er sich zu ihm durchgekämpft haben, was Albrecht vor dem sicheren Tod rettete. Des Weiteren erzählt die Überlieferung davon, dass die Truppe Ludwigs schnell Fersengeld gab.

2 *Ein gutes Beispiel dafür, wie im 15. Jahrhundert mit Kindern umgegangen wurde, ist die geplante Ehe zwischen Margarethe von Österreich und dem angehenden französischen König Charles VIII. Aus politischem Kalkül brachte man Margarethe 1483 im Alter von zwei Jahren an den französischen Hof, um sie auf ihre Rolle als Königin vorzubereiten. Von Kindheit und Elternhaus keine Spur – auch, wenn die Ehe letztendlich nicht zustande kam.*

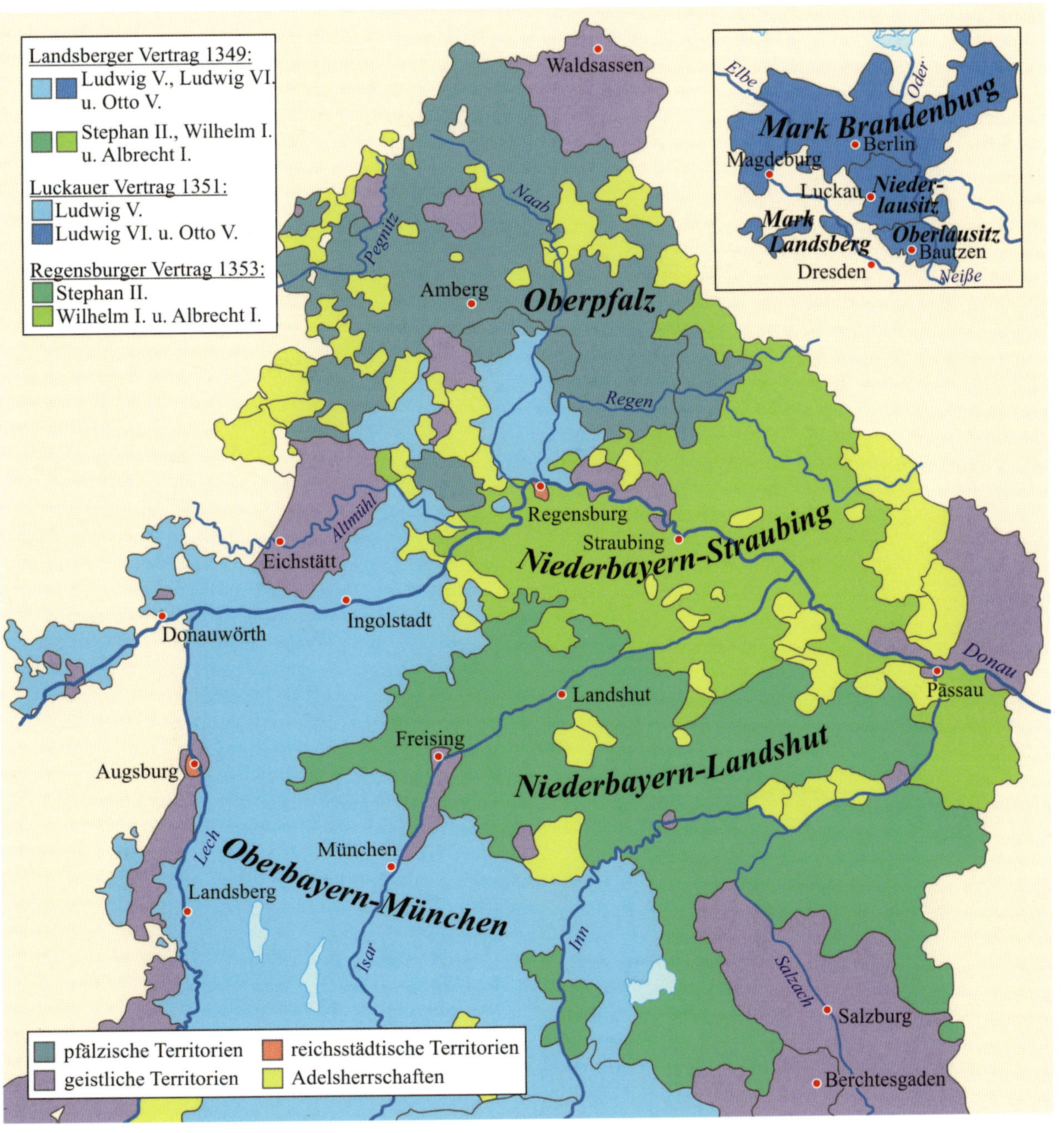

Die zweite bayerische Landesteilung 1349-1353.
Karte: Bernhard Glänzer

So hätten die Ingolstädter (beziehungsweise Ludwigs) Soldaten schon nach kurzen Scharmützeln Reißaus in Richtung Norden genommen.

Die schwer Gerüsteten unter ihnen sollen im Sumpf versackt sein. Die Münchner haben angeblich Hunderte Gefangene gemacht. Da aber immer der Sieger für die historischen Überlieferungen verantwortlich ist, wird die Zahl der bis zu 400 Gefangenen wie auch deren baldige Freilassung von Historikern wie Bernhard Glasauer als übertrieben angesehen. Nach der Schlacht von Alling wurde es erst einmal still um Albrecht. Die Chroniken wissen nichts über sein Leben zu berichten. Er wird das Leben eines typischen spätmittelalterlichen Adligen gelebt haben. Zu diesem Leben gehörte auch das Turnier. Besonders die „Tjost" genannte Variante dieser Ritterspiele gehörte zum Mittelalter wie die Bundesliga in unsere heutigen Tage. Und sie waren für den kriegerischen Adel unumgänglich.

Albrecht und Agnes

Als Angehöriger des Hochadels beteiligte sich Albrecht III. natürlich auch an Turnieren. So nahm er 1428 in Augsburg an einem Tjost teil, das wohl im Februar zur Zeit des Fasching stattfand.[3] In der Fuggerstadt lernte er die Baderin Agnes Bernauer in einer Badestube kennen. Diese Bekanntschaft sollte sein Leben verändern. Die Bader fungierten als Betreiber der im Mittelalter beliebten Badestuben auch als „Mediziner" für die ärmeren Mitglieder der Gesellschaft, die sich keinen studierten Arzt leisten konnten. Doch die Wahrscheinlichkeit, dass Albrecht beim Turnier verletzt wurde und deshalb die Badestube aufsuchte, um sich dort medizinisch versorgen zu lassen, ist eher gering. Denn als Adliger konnte er sich sicher einen erfahrenen Arzt leisten, sofern er nicht seinen eigenen Leibarzt besaß. Vielmehr wird der zu der Zeit 27 Jahre alte Albrecht eine der zahlreichen Badestuben aus Ausgelassenheit oder mit der Lust auf ein sexuelles Abenteuer aufgesucht haben. Badestuben erfreuten sich im 15. Jahrhundert einer großen Beliebtheit. Man saß zusammen in großen Holzbottichen im warmen Wasser und ließ sich verwöhnen. Gesellschaftlich wie geschlechtlich gab es keine Unterschiede. Außer der jüdischen Bevölkerung durfte jede Bevölkerungsschicht das Badehaus betreten – sofern sie über das nötige Eintrittsgeld verfügte. Neben dem eigentlichen Bad konnte man sich von den Bademeistern rasieren oder die Haare schneiden lassen. Auch „medizinische" Dienste wie Schröpfen oder zur Ader lassen boten die Bader an. Zahn- und Augenleiden wurden ebenfalls behandelt. Und obwohl der Klerus immer wieder dagegen wetterte, waren die Badehäuser auch ein Hort der tolerierten Prostitution. Die an ihren Haarnetzen erkennbaren Baderinnen boten ihre Dienste knapp gekleidet an. Dazu gehörten Massagen, eine gründliche Körperwäsche und bei Bedarf eben auch mehr. Welcher Tätigkeit Agnes Bernauer genau nachging, als sie Albrecht III. im Februar 1428 im Badehaus in Augsburg begegnete, lässt sich nicht mehr exakt sagen. In der romantischen Version zumindest heißt es, sie habe ihrem Vater in seinem Badehaus ausgeholfen. Bis zu dem Augenblick, in dem sie Albrecht traf, ist nichts Nachweisbares über sie bekannt. Die Legende berichtet, dass sie die Tochter des Kaspar Bernauer war und aus bescheidenen Verhältnissen stammte. Ihr Vater soll eben nach dieser Überlieferung ein Badehaus im besagten Augsburg besessen haben. Doch fehlt in den Stadtarchiven jede Spur von ihm. Kurzum: Es lässt sich kein Bademeister Bernauer (oder auch *Pernawer*) genannt, in der Fuggerstadt nachweisen: demnach auch keine Bademagd Agnes. Jedenfalls muss es zwischen Agnes und Albrecht gleich gefunkt haben. Glaubte man dem Chronisten Veit Arnpeck, „war sie so hübsch, dass man sehen konnte, wie der rote Wein, den sie trank, ihre Kehle runter lief". Der Chronist wollte wohl damit auf die vornehme bleiche Haut hinweisen, die damals im Trend war. Schließlich bezeichnet man den Adel auch heute noch als Blaublüter, was darauf zurück führt, dass der Adel so bleich war, dass man die blauen Adern unter der Haut sehen konnte. Und es mag durchaus richtig sein, dass Agnes eine Schönheit war – doch Chronist Arnpeck konnte es nicht wissen. Er schrieb den oben zitierten Satz im Jahre 1493 und hatte die Bernauer nie zu Gesicht bekommen. Denn er kam irgendwann zwischen 1435 und 1440 auf die Welt. Jedenfalls machte Albrecht Nägel mit Köpfen und zog mit Agnes noch im selben Jahr nach München. Vorerst nahm sie Albrecht als Geliebte mit, was von seinem Vater und der Familie anfangs wohl toleriert wurde. Der Chronist Ulrich Füetrer beschreibt in der Bayerischen Chronik, die in der zweiten Hälfte des 15. Jahrhunderts entstand, dass Agnes Bernauer in den Augen Herzog Ernst eine Liebesgespielin seines Sohnes war, da sein Sohn ein „Liebhaber zarter Frauen" sei. So scheint es, dass die Bernauerin wohl nicht die erste Gespielin Albrechts war – und er schon des Öfteren mit der einen oder anderen Freundin bei Hof aufgetaucht war. Doch Herzog Ernst verschätzte sich eklatant – denn irgendwann zwischen 1432 oder 1433 heiratete Albrecht seine Geliebte – wenn auch heimlich und ohne Wissen der Familie. Agnes zog vor die Tore Münchens und wird wohl eine kurze Weile die Blutenburg bewohnt haben, eine Wasserburg aus dem 13. Jahrhundert, die sich bis heute als Schloss erhalten hat. Die Anlage steht im Westen der bayerischen Landeshauptstadt im heutigen Stadtteil Obermenzing und wird von dem Flüsschen Würm umflossen, das den Starnberger See entwässert. Erwähnt wird die Burg das erste Mal im Jahre 1432, was exakt in den Zeitraum der heimlichen Hochzeit und des Einzugs der Agnes auf die Veste fällt. Denn Albrecht III. ließ die ursprünglich als Festung dienende Anlage zwischen 1431 und etwa 1440 zu seiner Residenz umbauen. Später bewohnte der Herzog die Blutenburg auch mit seiner seinem Stand entsprechenden Frau Anna von Braunschweig. Auch Albrechts Sohn Sigismund nutzte in der zweiten Hälfte des 15. Jahrhunderts die Anlage als Wohnsitz. Auch wenn die Quellenlage meist sehr spärlich ist – der Aufenthalt der Agnes Bernauer in Menzing lässt sich aufgrund einer Urkunde aus dem Jahr 1433 nachweisen. Denn Albrecht schenkte seiner heimlichen Ehefrau dort einen Grundbesitz (Hube und Hofstatt), um sie wohl materiell abzusichern. Albrechts Vater wird die Situation

---

3 *Im gleichen Jahr scheiterte ein Heiratsprojekt, Albrecht betreffend, das von Herzog Ernst initiiert worden war, 1432 dann ein weiteres. Vgl. Märtl, Claudia: Straubing, Die Hinrichtung der Agnes Bernauer 1435, in: Alois Schmid und Katharina Weigand: Schauplätze der Geschichte in Bayern, München 2003, S.149–164, hier: S. 151.*

wohl kaum entgangen sein können. Mag er den Hang seines Sohnes zu „schönen Frauen" aus den unteren Ständen noch übersehen haben, wurde die Situation bei Hof nun bedenklich: eine Liaison mit der Tochter eines Baders mag noch in Ordnung gewesen sein. Aber eine Ehe und womöglich auch noch Kinder? Dies war im 15. Jahrhundert einfach undenkbar. Denn Bader gehörten zur niedrigsten Unterschicht. Auch wenn sie durch den 1419 verstorbenen Kaiser Wenzel in einem Erlass aus dem Jahre 1406 allen anderen Handwerkern gleichgestellt wurden, war eine Frau aus solchem Hause keine Partie für einen Erbprinzen. Doch auch mit Erlassen kann selbst ein Kaiser nicht verhindern, wie seine Untertanen denken und fühlen. Kurzum: Bader gehörten in den Augen des Volkes zur untersten Bürgerschicht.[4] Für Ernst stand fest: Die Beziehung zwischen Agnes und Albrecht musste ein Ende finden, egal wie. Zudem war Albrecht auch noch der einzige Sohn von Ernst. Einen anderen Thronfolger gab es nicht, da Albrecht nur noch drei Schwestern hatte. Und der Nachwuchs, den Albrecht gegebenenfalls mit der Bernauerin haben würde, wäre aufgrund des Standesdünkels in keinem Falle erbberechtigt. Denn sicherlich hatten Adlige zu jeder Zeit sexuelle Beziehungen auch mit bürgerlichen Frauen. Aber diese konnten höchstens als Mätressen fungieren. Für den standesgemäßen Nachwuchs mussten dann schon adelige Damen her. Der Überlieferung nach bekam Agnes bereits gleich zu Beginn der Beziehung im Jahr 1428 eine Tochter, die den Namen Sibylla bekam. Albrecht soll sie als seine leibliche Tochter anerkannt haben. Doch bleibt die Lage verworren und undurchsichtig: ob Sibylla überhaupt existierte, ist ungeklärt.[5] Andere Quellen erzählen dagegen, dass Albrecht dafür sorgte, dass seine Tochter in seiner Nähe aufwächst. Sybilla soll im jungen Alter den Münchner Bürger Martin Neufahrer geheiratet haben, der allerdings recht früh im Jahr 1451 verstarb. Die junge Witwe soll abermals geheiratet haben, diesmal den Leibarzt von Albrecht, einen Doktor Johannes Hartlieb, mit dem sie drei Kinder gehabt haben soll. Albert vom Hof hingegen war eine historische Gestalt, das ist unzweifelhaft, er war auch ein (unehelicher) Sohn Albrechts, allerdings wurde er erst 1447 geboren, kann also kein Sohn Agnes Bernauers gewesen sein.[6] Ob nun Kinder mit im Spiel waren oder nicht, irgendwann erkannte Herzog Ernst I., dass Agnes nicht irgendeine dahergelaufene Bettgespielin seines Sohnes war – und dass Albrecht es durchaus Ernst mit der Bernauerin meinte. Zuerst versuchte es der Herzog im Guten und verlangte, dass die Ehe annulliert wird. Doch Albrecht ließ sich nicht erpressen und stand hinter Agnes wie ein Fels in der Brandung. Der Ton zwischen Vater und Sohn wird sich Anfang der 1430er Jahre wohl verschärft haben. Albrecht verließ mit Agnes die Blutenburg in München wohl auch aufgrund des Streites mit seinem Vater bald, um räumlichen Abstand zu gewinnen. Er regierte seit Anfang 1433 als Statthalter seines Vaters und dessen Bruders Wilhelm das Straubinger Land.[7] Und neigte Albrecht während seines Aufenthaltes in München eher dazu, sich aus Regierungsgeschäften rauszuhalten, so drehte er ab 1433 in Straubing dagegen voll auf. Als Regent herrschte er immer unabhängiger von München und tat ohne Rücksprache mit seinem Vater und seinen Onkel, was er wollte. Und das tat er, obwohl er zu Beginn seiner Regentschaft in Straubing seinem Vater hatte versprechen müssen, keine wichtigen Entscheidungen im Straubinger Land ohne Rücksprache zu treffen. Doch nun setzte Albrecht nach seinem Gutdünken Amtsträger ab oder aber auch ein. Er vereinbarte eigene Bündnisse und schaltete und waltete, wie es ihm gerade gefiel. München blieb dabei außen vor. Dabei hatte Albrecht die Straubinger Ständevertretung hinter sich, da es auch die Stände genossen, unabhängig von der Münchner Regierung schalten und walten zu können. Auf Dauer konnte und wollte Ernst dem Treiben seines Sohnes nicht zusehen. Eine Abspaltung des Straubinger Landesteiles musste er verhindern. Bayern-München war nach wie vor ein Rivale der Herzogtümer Bayern-Ingolstadt und Bayern-Landshut. Ernst musste allein schon deshalb Stärke zeigen. Auch konnte sich Ernst den Sinneswandel seines Sohnes wohl nicht erklären. Wie bereits erwähnt, hatte Albrecht in München keinerlei Ambitionen besessen, an den Regierungsgeschäften teilzunehmen. Und jetzt agierte er wie ein Alleinherrscher. Natürlich konnte nur die Bernauerin dahinterstecken, die seinen Sohn bezirzt, wenn nicht verhext haben musste. Als Rufmord (und auch Anstiftung zum Mord) eignete sich der Vorwurf der Hexerei bekanntlich zu dieser Zeit vortrefflich. Somit muss Ernst irgendwann klar geworden sein, dass er mit gutem Zureden oder auch Drohungen keinen Schritt weiter kommt. Agnes musste weg, egal wie. Denn inzwischen war Albrecht auch noch Alleinerbe. Ernsts Mitregent und Bruder Wilhelm starb plötzlich im September 1435 überraschend und hinterließ einen kranken Knaben, bei dem offensichtlich war, dass er das Erwachsenenalter sicher nicht erreichen würde.[8]

4 *Vgl. dazu Max Bauer: Das Geschlechtsleben in der Deutschen Vergangenheit, Leipzig 1902.*

5 *So behauptet der böhmische Jurist und Historiker Felix Joseph von Lipowsky in seinem 1800 erschienenen Buch „Agnes Bernauerinn. Historisch geschildert", dass eine Tochter Sibylla nicht nachweisbar ist. „Ob Herzog Albrecht mit der Agnes auch Kinder zeugte, ist mir unbewusst, ich fand hiervon keine Spur", schreibt der Historiker in seinem genannten Werk.*

6 *gl. Panzer, Marita: Agnes Bernauer; Regensburg 2007, S. 52–56.*

7 *Am 6. Januar 1425 war Johann III., der letzte Herzog im Jahr 1353 entstandenen Herzogtum Niederbayern-Straubing-Holland, einem Giftanschlag erlegen. Die nördlichen Territorien, die Grafschaften Hennegau, Holland, Seeland und die Herrschaft Friesland, fielen 1433 an die Herzöge von Burgund. Die wittelsbachischen Herzöge von Landshut, Ingolstadt und München erbten den niederbayerischen Landesteil; an den nördlichen Gebieten zeigten sie keinerlei Interesse. Der königliche Schiedsspruch von Preßburg (heute Bratislawa/Slowakei) legte am 26. April 1429 überraschend eine „Teilung nach den Häuptern und nicht nach den Stämmen" fest.*
Herzog Ernst erhielt 1429 die Ämter Straubing, Mitterfels, Bogen und Haidau.

8 *Der Junge hieß Adolf und starb siebenjährig am 24. Oktober 1441, es gab noch einen weiteren Sohn, Wilhelm, der bereits als Säugling starb. Vgl. Stahleder, Helmuth: Chronik der Stadt München, Band 1, Ebenhausen 1995, S. 303.*

Herzog Ernst und seine Räte
(Zeichnung von R.A. Jaumann aus dem Jahre 1899)

Also schmiedete Ernst I. von Bayern-München mit seinem Cousin, Herzog Heinrich dem Reichen von Bayern-Landshut, einen diabolischen Plan. Auch der Bürgermeister Münchens war mit von der Partie. Zunächst galt es, Albrecht von seiner Frau wegzulocken. Heinrich der Reiche, immerhin ein Onkel Albrechts, lud diesen nach Bayern-Landshut zu einer herbstlichen Jagd im Oktober 1435 ein. Der nichtsahnende Albrecht willigte ein. Agnes war nun allein auf dem Schloss in Straubing. Diesen Umstand nutzte Ernst und ließ Agnes sofort verhaften. Ob es nun gar kein oder ein Schnellgericht gegeben hat, ist nicht mehr zu erfassen. Jedenfalls wird Agnes Bernauer ganz sicher keine faire Behandlung widerfahren sein. Man wollte sie am selben Tag der Verhaftung zwingen, die Ehe zu widerrufen. Agnes wird wohl auf eine schnelle Rückkehr Albrechts gehofft haben und blieb stur. Selbst die Androhung der Folter stimmte sie nicht um. Das kostete sie das Leben. Ob man sie nun ohne jegliches Verfahren in die Donau warf oder sie in einem Schnellverfahren der Hexerei anklagte, bleibt bei den Historikern umstritten. Es ist jedoch wahrscheinlicher, dass es eine Gerichtsverhandlung gegeben hat, da ja seitens Ernsts I. ein gewisser rechtlicher Schein gewahrt werden musste. So wird Agnes wahrscheinlich Schaden- oder Liebeszauber vorgeworfen worden sein. Angeblich soll man sie auch für einen Giftanschlag auf Ernst I. verantwortlich gemacht haben. Im Grunde stand das Urteil natürlich schon im Vorfeld fest: der Tod. Ernst verurteilte die Bernauer dazu, im Fluss ertränkt zu werden. Man schnürte Agnes noch am Tag der Festnahme am 12. Oktober 1435 wie ein Paket zusammen und warf sie von der Straubinger Brücke in die Donau. Schließlich bestand die Gefahr, dass Albrecht tatsächlich noch am Ort des Geschehens auftauchen könnte. Also musste alles schnell über die Bühne gehen. Der zeitgenössische Chronist Andreas von Regensburg berichtet in seiner *Chronica principibus terrae Bavarorum*: „Im selben obengenannten Jahr, am 12. Oktober, wurde auf Befehl Herzogs Ernst eine überaus schöne Frau, die Geliebte seines Sohnes Albrecht – einige sagen aber auch, dass sie dessen wirkliche und rechtmäßige Ehefrau war – Bernauerin genannt, von der Donaubrücke in Straubing gestürzt.“[9] Der 1438 gestorbene Chronist berichtet weiter: „Mit Hilfe des einen Fußes, der nicht gefesselt war, schwamm sie ein Stück und kam nahe ans Ufer, mit heiserer, kläglicher Stimme rufend: Helft, helft. Der Folterknecht aber, der sie von der Brücke gestürzt hatte, lief am Donauufer hinzu. Weil er den jähen Zorn des Herzogs fürchtete, wickelte er eine lange Stange in ihr Haar und drückte sie wieder unter Wasser.“ Agnes Bernauer ertrank auf diese grausame Art und Weise. Albrecht kam nicht rechtzeitig.

Von Herzog Ernst zu Herzog Albrecht

Ernst I. wird sich im Klaren darüber gewesen sein, dass er Unrecht getan hatte. So ließ er bereits 1436 eine Gedächtniskapelle auf dem Friedhof der Straubinger Pfarrkirche St. Peter errichten. Wie Albrecht auch, der schon im Dezember 1435 bei den Karmeliten zu Straubing eine ewige Messe und einen Jahrtag für Agnes veranlasste, stiftete auch Herzog Ernst ebenfalls in der Gedächtniskapelle St. Peter eine ewige Messe für die von ihm Ermordete. Ernst wusste genau, dass die Bernauerin weder Hexe noch Giftmischerin gewesen war. Und da es unabdingbar war, dass auch Kaiser Sigismund von dieser Sache erfährt, erstellte man eine schriftliche Argumentationshilfe, den ein Gesandter von Ernst an den Kaiserhof brachte. Dieses Schreiben befindet sich heute im Bayerischen Hauptstaatsarchiv München, Kurbayern Äußeres Archiv. In dem Schreiben heißt es, dass Agnes Bernauer ein *„böses Weib“* war. Und sie zu Albrecht so hart und streng gewesen ist, dass man es kaum in Worte fassen könne. Und weil die Sache kein Ende nahm und das *„Weib“* sich mit Hartnäckigkeit im Schloss zu Straubing behauptete, habe der Herzog schlussendlich interveniert und das *„Weib“* ertränken lassen. Ob der Kaiser dieser Argumentation Glauben schenkte und ob es ihn überhaupt interessierte, blieb nicht überliefert. Albrechts Reaktion auf die Ermordung seiner Ehefrau allerdings schon. Als Albrecht von der Ermordung erfuhr, muss er zugleich verzweifelt und wütend gewesen sein. Viel zu durchschauen an der Tücke seines Vaters und Onkels gab es nicht: Herzog Heinrich hatte ihn vom Schloss Straubing zu einem Jagdausflug gelockt, sein eigener Vater den schmutzigen Rest erledigt. Albrecht wandte sich kurzfristig an den Erzfeind seines Vaters, den Herzog von Bayern-Ingolstadt, gegen den Albrecht ja selbst bei der Schlacht von Alling 1422 gekämpft hatte. Ludwig VII. versprach Albrecht Unterstützung. Tatsächlich kam es zu Kämpfen zwischen Vater und Sohn. Es wird sich dabei um kleinere Scharmützel gehandelt haben, denn über eine richtige Schlacht ist nichts bekannt. Kaiser Sigismund, dem Ernst I. ja des Öfteren beigestanden hatte – etwa gegen die Hussiten, wird dieser Familienzwist mitten im Reich trotzdem ein Dorn im Auge gewesen sein. Er wollte einen Bürgerkrieg mit allen Mitteln verhindern. Gemeinsam mit dem Stiftsdekan von Indersdorf, Johannes Prunner, und dem geistlichen Autor Johannes Rothuet sorgte der Kaiser für Verhandlungen

9 *Andreas von Regensburg: Chronica de principibus terrae Bavarorum, in: Georg Leidinger (Hg.): Sämtliche Werke, München 1903, S. 583-584.*

Ritterturnier vor Herzog Albrecht IV. von Bayern (Kupferstich von Matthäus Zasinger)

zwischen Ernst und Albrecht. Albrecht gab klein bei. Aber ob er seinem Vater jemals wirklich verzieh, kann nicht mehr gesagt werden. Tatsache ist aber, dass er sich aus Gründen des Landfriedens mit ihm Ende 1436 zumindest offiziell wieder aussöhnte. Heinrich dem Reichen, dem Cousin seines Vaters, verzieh er den Verrat allerdings wohl nie. Als Zeichen der Aussöhnung mit seinem Vater erfüllte Albrecht am 6. November 1436 Albrecht dann den innigsten Wunsch seines Vaters. Er heiratete Anna von Braunschweig-Grubenhagen, mit der er später zehn Kinder haben sollte. In der Kammerrechnung Münchens von 1436/37 kommentiert ein Stadtschreiber erleichtert: „Da können wir alle froh sein, dass wir nicht wieder eine Bernauerin gewonnen (bekommen) haben."[10] Doch der Elan und Regierungswille, den Albrecht als Regent im Straubinger Land an der Seite von Agnes entwickelt hatte, schien verflogen. Albrecht wandte sich der Religion zu, sodass er bald „der Fromme" genannt wurde. Christlich, wie er war, verbannte er alle Juden im Jahre 1442 aus dem Herzogtum, er reformierte die Klöster auf seinem Hoheitsgebiet und ließ 1455 das Kloster Andechs gründen. Politisch oder nennenswert kriegerisch trat er so gut wie nicht mehr auf. Als ihm im Jahr 1440 die böhmische Krone angetragen wurde, hätte er nur nach ihr greifen und sie aufsetzen müssen – doch er lehnte ab.[11]

Herzog Albrecht III. von Bayern lehnt die böhmische Königskrone ab,
Gemälde von Johann Georg Hiltensberger

Als das Raubrittertum überhandnahm, befahl er in den Jahren 1444 und 1445 landesweit Maßnahmen gegen dieses neue Geschäftsmodell des inzwischen in weiten Teilen verarmten Ritteradels. Von einer großen militärischen Kampagne kann aber kaum die Rede sein. Als 1447 die Bayern-Ingolstädter ausstarben, überließ Albrecht das Herzogtum ohne kriegerische Auseinandersetzung dem Bayerisch-Landshuter Herzog Heinrich XVI. Und das tat er, obwohl es seit 1439 einen Erbvertrag gab, in dem Ludwig VIII. von Bayern-Ingolstadt eigentlich Albrecht als Erben eingesetzt hatte. Vor seinem

10 *Hans Rosenbusch: „Das wir nit wieder ain Bernawerin gewunnen haben", zitiert nach: Märtl: Straubing, Die Hinrichtung der Agnes Bernauer 1435, S. 156.*

11 *Vgl. Ziegler, Walter: Die Wittelsbacher und der böhmische Königsthron, in: Alois Schmid und Hermann Rumschöttel (Hg.): Wittelsbacher-Studien. Festgabe für Herzog Franz von Bayern zum 80. Geburtstag (= Schriftenreihe zur bayerischen Landesgeschichte. Band 166), München 2013, S. 201-229, insbesondere S. 208-211.*

Turnierszene (Kolbenturnier) dargestellt von Reenactors,
Foto: Elke Hauptmann)

Tod erließ Albrecht ein Gesetz, nach dem immer nur die zwei ältesten Söhne regieren sollten. Damit wollte er wohl Konflikte innerhalb der Familie vermeiden. Doch genau das Gegenteil geschah: Schon bald nach Albrechts Ableben kam es zu Zwietracht und Streit unter seinen männlichen Nachkommen, die lange, sehr lange anhielten. Albrecht III. starb am 29. Februar 1460 in München und wurde in dem von ihm gestifteten Kloster Andechs in der Klosterkirche beigesetzt. Schon seine Zeitgenossen beschrieben Albrecht III. als guten Herrscher, der nicht auf Macht und Gewinn aus war. In seinen späteren Jahren als Herzog förderte er auch die Musik und die Dichtkunst. Laut Überlieferung verabscheute er die damals häufigen körperlichen Strafen wie die Folter. Für seine Klostergründungen und Verdienste am Glauben ehrte ihn Papst Nikolaus V. mit der Goldenen Rose des Vatikans.

Die von Herzog Albrecht III. vorgenommene Erbregelung war kurios: jeweils die ältesten beiden seiner fünf überlebenden Söhne Johann, Sigmund, Albrecht, Christoph und Wolfgang sollten regieren. So kam es, dass Johann und Sigmund die Herrschaft übernahmen.

Johann reiste 1460 zusammen mit seinen Brüdern Albrecht und Wolfgang nach Rom, wo sie Papst Pius II., Nicolaus Cusanus und andere Kardinäle trafen. Johann galt als leidenschaftlicher Jäger und hatte mit streitbaren Adelsvertretern und Städten zu kämpfen. Allerdings konnte er seine politischen Talente nie unter Beweis stellen. Denn schon kurz nach seiner Regierungsübernahme starb er an der Pest (18. November 1463). Er hatte sich eigens in die abgelegene Schwaige Harthausen zurückgezogen, wurde aber dennoch infiziert und starb dort. Daraufhin kehrte der drittälteste überlebende Sohn Albrecht aus Italien heim, wo er eine geistliche Laufbahn hätte einschlagen sollen, und übernahm die Mitregierung. Genauer gesagt trotzte er sie seinem älteren Bruder Sigmund ab. So wurde Albrecht am 10. September 1465 Mitregent, ganz in Übereinstimmung mit der Erbregelung seines Vaters.

Schon zwei Jahre später, am 3. September 1467, legte Sigmund die Herzogswürde nieder und zog sich ins Privatleben zurück.[12] Nun war Albrecht IV. von Bayern-München Alleinregent, von der Nützlichkeit der Alleinregierung durchdrungen (solange er sie selbst ausübte) ging es ihm nun darum, seinen ambitionierten Bruder Christoph von einer Mitregierung fernzuhalten.

12 *Vgl. Riezler, Sigmund von: Sigmund, Herzog von Baiern-München, in: Allgemeine Deutsche Biographie, Band 34, Leipzig 1892, S. 282–284, hier: S. 283.*

Böcklerbund und Degenberger Fehde

Im 14. Jahrhundert traten die sogenannten „Ritterbünde" (streng genommen wäre die Bezeichnung „Adelsgesellschaften" korrekter) auf. Verschiedene Adlige schlossen sich zusammen, um ihre politischen und wirtschaftlichen Interessen zu wahren. Die Mitglieder dieser Bünde huldigten den ritterlichen Idealen und hielten auch dementsprechend Turniere bei jeder ihrer Zusammenkünfte ab. Jedes Mitglied eines Ritterbundes sollte als Zeichen seiner Zugehörigkeit ein gemeinsames Symbol mit sich führen. Der Hintergrund solcher Vereinigungen konnte in der politischen und wirtschaftlichen Situation der einzelnen Mitglieder liegen, die sich durch das erstarkende Landesfürstentum beziehungsweise eine Machtverschiebung innerhalb einer Reichsstadt bedroht fühlten. Die Massenauswanderung der Adeligen aus der Stadt Straßburg im Jahre 1419, die sich zu der „Vereinigten Ritterschaft außerhalb Straßburgs" zusammenschlossen und die Stadt in den „Dachsteiner Krieg" verwickelten, der von 1420 bis 1422 andauerte, ist ein prominentes Beispiel.

„Die Bandbreite der Ritterbünde war beträchtlich. Es gab Ritterbünde als religiöse Bruderschaften, es gab auch Bünde, die wohl nichts anderes waren als getarnte Rauborganisationen."[13]

Manchmal ging es auch um die allgemeine Situation des Landes, dessen innere und äußere Konflikte durch den Landesherren nicht allein bewältigt werden konnten. Hierzu wäre ein passendes Beispiel in Niederbayern zu finden, dessen Adel sich aufgrund der räumlichen Nähe besonders durch die böhmischen Hussiten bedroht fühlte.

In Bayern waren Adelsbünde im 14. und 15. Jahrhundert nicht ungewöhnlich. Das regierende Geschlecht der Wittelsbacher hatte sich durch Aufteilungen des Landes und die daraus resultierenden Konflikte so geschwächt, dass der Adel häufig eingreifen musste, und natürlich tat er dies nicht uneigennützig. Im Jahre 1315 schloss der oberbayerische Adel einen Bund, um das Zerwürfnis zwischen König Ludwig dem Bayern und seinem Bruder Rudolf I. beizulegen. Anno 1392 unterstützte ein weiterer Adelszusammenschluss die Herzöge Stephan III., Friedrich und Johann II. dabei, ihr Land zu teilen.

13 *Schwarz, Jörg: Von Pavia nach München, Wittelsbachische Erbeinungen im 14. und 15. Jahrhundert im Spannungsfeld von Teilherzogtum und Primogenitur, in: Müller, Mario; Spieß, Karl-Heinz und Tresp, Uwe: Erbeinungen und Erbverbrüderungen im Mittelalter und Früher Neuzeit, Generationsübergreifende Verträge und Strategien im europäischen Vergleich, Berlin 2014, S. 43–54, hier: S. 53.*

▶
Auch die aufgebotene Landbevölkerung verfügt über einen brauchbaren Waffenbesitz, der mitunter nicht immer dem neuesten Stand entspricht. So trägt der junge Mann in der Bildmitte Rüstungsteile, die bereits sein Großvater verwendet haben dürfte. Gut gepflegt erfüllen sie nach wie vor ihren Zweck.
Foto: Andreas Petitjean

Kampf zwischen Belagerern und Belagerten.
Zeichnung: Sascha Lunyakov

Im Jahre 1428 wurde die *„Geselschafft vom Aingehürn“*[14] im Straubinger Land von den dort ansässigen Adeligen gegründet, um eine gemeinsame Verteidigung gegen die Hussiten[15] zu organisieren und auch die eigenen Rechte gegenüber dem Landesherren zu sichern. Das Fabeltier Einhorn (oder *Aingehürn*), nach dem der Bund sich benannte, stand für die Tugend der Treue und für seine Fähigkeit, Schutz auszuüben.

Am 30. August 1466 wurde dieser Bund als *„Geselschafft zum Ayngehürn“*, genannt auch *„Böcklerbund“*, einem Zusammenschluss von Adeligen des Straubinger Landes und des Nordgaus, erneut ins Leben gerufen. Die Mitglieder waren entweder im Landshuter oder im Münchner Herzogtum begütert (manche auch in beiden Herzogtümern) und hatten manchmal auch Stellungen bei Hof in einem von beiden Herzogtümern inne.[16] Der niederbayrische Adel war zum Teil reich an Landbesitz, seine Ländereien im Bayerischen Wald grenzten an Böhmen, was zugleich Fluch und Segen war. Herzog Sigmund von Bayern, der bis 1467 regierte, wurde – vermutlich auf Betreiben von Hans von Degenberg und Albrecht von Nußberg – sogar Mitglied des Bundes. Herzog Albrecht IV. gegenüber war der größte Teil dieser Adligen jedoch sehr misstrauisch. Jener Herzog stützte sich bei seiner Regierung auf seine Räte, und einige sehr einflussreiche davon waren nicht aus dem stolzen Ritterstand, sondern kamen aus dem Klerus oder der städtischen Oberschicht.[17]

Unter dem Vorwand, sich gegen mögliche Konfrontationen mit den Böhmen schützen zu müssen – in Wirklichkeit, um seine Freiheiten und Privilegien gegenüber dem Landesherren behaupten zu können – schloss sich der Adel also zusammen. Kennzeichen der Mitglieder wurde die an einer Kette getragene Figur eines Bocks, in Gold ausgeführt für die Ritter, in Silber für die Edelknechte.[18] Ziel war wohl bei einigen der einflussreicheren Mitglieder die Erlangung der Reichsunmittelbarkeit, welche Kaiser Friedrich III. bereits den Stauffern,[19] den Fraunbergern und den Preysingern im Jahre 1465 verliehen hatte.[20] An der Spitze des Böcklerbundes standen Hans IV. von Degenberg, Niklas von Abensberg, Sebastian Pflug zum Rabenstein und Johann Stauff zu Ehrenfels.

In der Gegend um Cham wurden in jenen Tagen einige Fehden ausgetragen und es liegt die Vermutung nahe, dass gerade das Fehderecht zu den hervorstechendsten Privilegien gehörte, die sich die Mitglieder des Bundes erhalten wollten.[21]

Insgesamt zählte der bei einem Turnier in Regensburg feierlich begründete Böcklerbund 41 Mitglieder. Man versammelte sich in der Reichsstadt Regensburg. An die Spitze des Bundes setzte man Sebastian Pflug zum Rabenstein als Hauptmann; vier Räte standen ihm unterstützend zur Seite: Hans von Degenberg, Niklas von Abensberg, Hans von Fraunberg zu Massenhausen und Hans von Nußberg. Der Hauptmann und die Räte wurden jährlich neu gewählt. Die Charta sowie die Beitrittsurkunden der Mitglieder sollten in Regensburg, dem Ort der Bundesgründung, hinterlegt werden. Noch im Monat der Neugründung schloss sich Herzog Christoph dem Böcklerbund an, übrigens gegen den Widerstand einiger dessen Mitglieder, die die Motive Herzog Christophs für den Beitritt sehr kritisch betrachteten.

Herzog Christoph der Starke

Die Vorgänge kamen Herzog Albrecht zu Ohren, der den Pflegern und den Vögten der Burgen in der Region Straubing den Befehl gab, diese verteidigungsbereit zu halten. Gleichzeitig appellierte er an Kaiser Friedrich III., und der verfügte am 19. Oktober 1467 die Auflösung des Bundes. Der Kaiser bezog sich auf das Bündnisverbot der Goldenen Bulle. Mit diesem kaiserlichen Rückenwind berief Herzog Albrecht eine Versammlung ein („Tag von Regensburg“), zu der er auch den Herzog Ludwig

14 *Vgl. Menzel, Thomas: Der Fürst als Feldherr, Militärisches Handeln und Selbstdarstellung zwischen 1470 und 1550. Dargestellt an ausgewählten Beispielen, Berlin 2003, S. 468.*

15 *Mit dem Vorwurf, Hussiten bekämpfen zu wollen, konnte man in der Region immer Kräfte mobilisieren. So ließ der Bischof von Regensburg einen Levin Wiesberger von Eger lebenslang in einem Burgturm einsperren.*

16 *So war Hans IV. von Degenberg Erbhofmeister im Herzogtum Bayern-München.*

17 *Zu nennen wären an dieser Stelle der Domherr Ulrich Ursinger und die Münchner Ratsherren Peter Schluders und Balthasar Riedler. Vgl. Zschokke, Heinrich: Der Baierischen Geschichten Drittes und Viertes Buch, Aarau 1815, S. 416.*

18 *Vgl. Würdinger, Joseph: Kriegsgeschichte von Bayern, Franken, Pfalz und Schwaben von 1347 bis 1506, München 1868, Band 2, S. 136.*

19 *Diese Adelsfamilie steht in keinem Zusammenhang mit dem ausgestorbenen Herrschergeschlecht der Hohenstaufer.*

20 *Am 20. März 1465 erhob Kaiser Friedrich III. die Brüder Hans und Ulrich V. Stauff zu Ehrenfels sowie deren Vettern Albrecht und Wilhelm in den Freiherrenstand. Zugleich mit den Stauffern wurden die Herren von Degenberg, Preysing und Frauenberg zum Haag zu Freiherren erhoben.*

21 *Auch die Bürger Chams gerieten in den Verdacht, sich an einer Fehde – gegen Freifrau Katharina von Schwamberg – beteiligt zu haben. Sie konnten sich durch einen Eid von dem Verdacht befreien. Vgl. Lukas, Joseph: Geschichte der Stadt und Pfarrei Cham, Landshut 1862, S. 102.*

Burg Haidstein, Zeichnung: Wolfgang Braun

von Bayern-Landshut[22], den Kurfürsten Friedrich den Siegreichen von der Pfalz[23] und Pfalzgraf Otto II. von Pfalz-Neumarkt-Mosbach[24] einlud. In Regensburg zerschnitt Herzog Albrecht feierlich die Gründungsurkunde des Böcklerbundes. Den Mitgliedern des Bundes wurden aber die an die Urkunde gehefteten Siegel zurückgegeben.[25] Mochte der niederbayrische Adel das Vorgehen des Herzogs vorerst noch akzeptieren, sein Bruder Christoph war nicht dazu bereit.[26]

Herzog Christoph begab sich nach Innsbruck, wo er hoffte, Herzog Siegmund von Tirol dazu zu bewegen, sich ihm gegen seinen älteren Bruder anzuschließen. Siegmund lehnte aber ab, denn er pflegte ein gutes Verhältnis zu Albrecht. Unverrichteter Dinge verließ Christoph Tirol wieder und zog nach Norden, genauer gesagt nach Niederbayern. Auf der Burg Degenberg schlug er sein Quartier auf, wo er auch seine Anhänger um sich versammelte. Zu diesen zählten die Degenberger, die Nothafte und die Nußberger. Noch einmal gelang es Herzog Ludwig von Bayern-Landshut,

22 *Ludwig IX. der Reiche (geboren am 23. Februar 1417 in Burghausen; gestorben am 18. Januar 1479 in Landshut) war Herzog von Bayern-Landshut in den Jahren 1450 bis 1479.*

23 *Friedrich I. der Siegreiche (*geboren am 1. August 1425 in Heidelberg; gestorben am 12. Dezember 1476 ebenfalls in Heidelberg) war von 1451 bis zu seinem Tode Kurfürst der Pfalz.*

24 *Pfalzgraf Otto I., jüngster Sohn von König Ruprecht, erhob Mosbach zu seiner Residenz. Zur Pfalzgrafschaft Mosbach gehören unter anderem Güter am Neckar, im Kraichgau, an der Bergstraße sowie nach dem Tod von Ottos Bruder Johann große Gebiete um Neumarkt in der Oberpfalz, von wo aus Otto II. Pfalz-Mosbach und Pfalz-Neumarkt hauptsächlich regierte. Die Linie Pfalz-Mosbach starb 1499 aus, das Territorium fiel zurück an die Kurlinie.*

25 *Vgl. Lipowsky, Felix Joseph: Herzog Christoph, oder der Kampf über Mitregierung in Baiern, München 1818, S. 36.*

26 *Vgl. Esders, Stefan (Hg.): Rechtsverständnis und Konfliktbewältigung: gerichtliche und außergerichtliche Strategien im Mittelalter, Köln u.a. 2007, S. 396.*

Burg Weißenstein, Foto: Josef Niedermeier Burg Weißenstein, Foto: Josef Niedermeier

zwischen den Kontrahenten zu vermitteln.[27] Mit der Hilfe des Bischof Matthias von Speyer[28] kam am 16. Februar 1468 ein Schiedsspruch zustande. Herzog Albrecht solle das laufende Jahr noch allein regieren, das nächste schon zusammen mit Herzog Christoph. Auch ein weiterer Bruder, Herzog Sigmund, sei an der Regentschaft zu beteiligen, wenn er es denn wünsche.[29] Herzog Christoph erhielt für das laufende Jahr die Stadt Kelheim, musste sich aber verpflichten, seine Truppe von 200 Mann – welche zumeist von den ehemaligen Angehörigen des Böcklerbundes zusammengebracht worden waren – aufzulösen.[30]

Eine der engsten Vertrauten Herzog Christophs in dieser Zeit war der Ritter Hans IV. von Degenberg. Er war vom Kaiser in den Reichsfreiherrenstand erhoben worden. Auf diese Weise hatte er seine Güter Degenberg, Nußberg und Weißenstein in die Reichsunmittelbarkeit geführt und damit der herzoglichen Oberherrlichkeit entzogen, was nun aber der Herzog seinerseits nicht anerkennen wollte. Hans IV. von Degenberg lag in Fehde mit den Rittern Georg Donnersteiner, Hans Treswitzer und Gallus Moser. Dieses Trio hatte sich der Burg Degenberg bemächtigen können. Jene wurde in Abwesenheit des Burgherrn mit 80 Rittern und 100 Knechten handstreichartig erobert. Hans von Degenberg rückte mit einer Mannschaft, die allein schon 200 Reisige umfasste, vor seine Burg, die er aber nicht zurückerobern konnte. Da zog der Herzog *in personam* vor die Burg und verlangte, dass man sie ihm als dem Landesherren ausliefere, was die drei Ritter auch taten (am 24. Juni 1468).[31] Von Burg Degenberg aus bemächtigte sich der Herzog in rascher Folge der Besitzungen des Reichsfreiherren: die Herrschaft Zwiesel, die Vogteien Geiersthal und Kirchberg im Bayerischen Wald wurden von den Truppen des Herzogs besetzt. Der Kaiser – immer misstrauisch, wenn ein Wittelsbacher an Macht dazugewann – gebot, Herzog Albrecht müsse alle eroberten Gebiete wieder herausgeben und bestimmte Herzog Ludwig von Bayern-Landshut, wieder einen Schiedsspruch zu fällen. Das tat dieser auch und verkündete im Juli 1468 folgenden Beschluss: Ritter Hans IV. von Degenberg habe den

27 *Vgl. Hefner, Otto Titan von: Geschichte der Regierung Albrecht IV., Herzogs in Bayern, München 1852, S. 25.*

28 *Matthias Freiherr von Rammung (geboren 1417 in Heidelberg; verstorben am 1. August 1478 in Heidelberg) war von 1461 bis zu seinem Tod kurpfälzischer Kanzler und ab 1464 auch Bischof von Speyer.*

29 *Er wünschte nicht.*

30 *Vgl. Mannert, Konrad: Die Geschichte Bayerns, Erster Teil, Leipzig 1826, S. 484.*

31 *Nach anderen Quellen stand die herzogliche Truppe, die vor der Burg Degenberg aufmarschierte, unter dem Befehl von Georg von Lerchenberg. Vgl. Grueber, Bernhard: Der bayrische Wald (Böhmerwald), Regensburg 1846, S. 213.*

Die Saldenburg, Zeichnung: Wolfgang Braun

Herzog Albrecht als seinen rechtmäßigen Landesherren anzuerkennen. Er solle ihn um Recht ersuchen. Mit der Rolle des Bittstellers wollte sich aber der Degenberger keinesfalls zufriedengeben. Er hatte bereits einige ehemalige „Böckler" um sich versammelt und sich mit böhmischen Adligen zu einem Kriegszug gegen das Herzogtum Bayern-München verbündet. Hans IV. von Degenberg begab sich nach Strakowitz in Böhmen. Sein Verbündeter Ratzko von Rayol plünderte von Burg Altnußberg aus die Besitzungen Albrechts IV. in der Umgegend. In der Nähe von Cham kam es zu mehreren kleineren Gefechten, in diesem Zusammenhang erschlugen böhmische Söldner am 15. Oktober 1468 bei Kötzting Albrecht Nothaft.[32]

Nun verbündeten sich Herzog Ludwig von Bayern-Landshut und Herzog Albrecht von Bayern-München. Letzterer ließ die Burg Degenberg, die sich ja bereits in seiner Hand befand, schleifen. Die Burgen Haidstein,[33] Falkenfels und Linden[34] eroberten seine Truppen unter der Führung des Feldhauptmannes Georg von Lerchenfeld. Vor Burg Weißenstein zogen am St.-Barbara-Tag (also dem 4. Dezember) 1468 herzogliche Truppen auf, die die Burg einen Tag später gewaltsam einnahmen.

Herzog Ludwig von Bayern-Landshut hatte derweil ein Heer gesammelt, um die wohlbefestigte Saldenburg[35] einzunehmen, in die sich Hans von Degenberg geflüchtet hatte.

Die Städte des Landshuter Herzogtums hatten 324 „Wappner"[36] zu stellen, die Gerichte 1.642 Fußknechte und 720 Schanzarbeiter mit Hacken und Schaufeln, dazu 267 Heerwagen. Die Amtleute, Pfleger usw. erschienen in Waffen, sofern sie selbst wehrfähig waren, oder sie schickten Leute, insgesamt 150 Reiter. Der Adel stellte 100 Reisige. Zu diesen Kräften aus dem Herzogtum selber kamen die Angeworbenen: 500 Fußknechte, die Hanns Gewolf aus Österreich mitbrachte, 200 Trabanten unter

32 *Zwischen den Bundesbrüdern Hans von Degenberg einerseits und Albrecht und Heinrich von Nothaft andererseits herrschte Streit. Der Degenberger hatte die Nothaft-Brüder vor einem westfälischen Freigericht angeklagt. Die waren darüber erzürnt und sendeten der Stadt Regensburg, in der Hans von Degenberg in einem Domherrenhof wohnte, ihre Fehdebriefe. Vgl. Gemeiner, Carl Theodor: Die Regensburgische Chronik: Stadt Regensburgische Jahrbücher vom Jahre 1430 bis zum Jahre 1496, Regensburg 1821, S. 239.*

33 *Die Burg wurde so gründlich zerstört, dass heute nichts mehr von ihr zu sehen ist.*

34 *In der Burg Linden sollte später die erste Weißbierbrauerei Niederbayerns entstehen.*

35 *Sie war über die zweite Ehefrau Hans von Degenbergs in dessen Besitz gelangt.*

36 *Ein Wappner war ein Waffenknecht.*

Burg Altnußberg, Foto: Gemeinde Geiersthal

Burg Altnußberg, Zeichnung: Wolfgang Braun

Fußsoldaten mit zeittypischen Stangenwaffen,
Foto: Fred Wutz

Abmarsch durch den Wald,
Foto: Fred Wutz

Heinrich Tondorfer[37] und Jan Holupp[38]. Hans Mermoser brachte 250 Reisige. Zum Feldhauptmann wurde am 28. November Jan Holupp bestellt.[39] Aus Landshut schaffte man ein großes Geschütz („*Hauptbüchse*") herbei, zwei kleinere kamen hinzu. Vervollständigt wurde die Artillerie durch weitere Geschütze aus Neuburg und Ingolstadt. Unter dem Kommando des Büchsenmeisters Erhard von Salzburg wurde die Artillerie nebst 60 Steinkugeln pro Geschütz, Pulver, Hebezeug usw. nach Vilshofen gebracht. Die Stadt Regensburg lieferte Armbrustbolzen[40] und die Klöster des Landes stellten 72 Pferde zur Bespannung der Geschütze. Die Mannschaften der Städte hatten sich für 14 Tage mit Nahrungsmitteln zu versorgen, die Söldner konnten das Nötige auf dem Markt im Lager von Vilshofen erwerben, das „*Hofgesinde*" bekam seine Versorgung aus den Vorräten des Herzogs. Die Zusammensetzung und Bewaffnung des Heeres ist überliefert: ein Viertel der Fußkrieger sollten Armbrustschützen sein, ein weiteres Viertel Feuerrohre. Ein Drittel sollte lange Spieße tragen, der Rest Hellebarden. Jeder habe ein Schwert oder ein langes Messer zu tragen, dazu noch ein Wurfbeil.[41] Die Reisigen sollten wohlversehen sein mit Rüstung und Waffen.

Am 4. Dezember erschien das Heer vor der Saldenburg, wo Hans von Degenberg bis zuletzt vergeblich auf die Hilfe seiner Bundesgenossen und böhmischer Alliierter gewartet hatte. Er übergab die Burg Herzog Ludwig.

Ein paar Wochen später stand das herzogliche Heer, nun angeführt von Jan Holupp, vor Burg Altnußberg, dann vor der Kollnburg. Beide Burgen wurden übergeben.[42] Im Falle der Kollnburg führte das dann zu einer Fehde zwischen Hans von Nußberg und Herzog Albrecht IV. die sich über ein Jahr hinzog. Hans von Degenberg musste Urfehde schwören und durfte seine Stammburg Degenberg nicht mehr aufbauen.

Viele seiner Bundesgenossen waren durch die Kriegskosten hoch verschuldet und mussten ihre Burgen verpfänden oder gar an Herzog Albrecht IV. verkaufen. Ein paar Angehörige des Böcklerbundes zogen aber nach Böhmen, um von dort die bayerischen Herzöge zu bekriegen. Pfalzgraf Otto II. von Pfalz-Neumarkt-Mosbach gewährte dieser Adelsfronde Unterstützung. Außerdem schlossen sich noch Ritter aus Österreich, Krain, Kärnten und der Steiermark an.

Die Herzöge Ludwig und Albrecht erließen am 16. Februar 1470 ein Aufgebot gegen diese Bedrohung, ob es tatsächlich 5.000 bis 6.000 Mann unter der Führung des Degenbergers waren, die ins Land eingefallen seien, wie der Straubinger Rentmeister Vend vermeldete, ist aber zweifelhaft.[43]

1472 kam es aber zu einem Einfall böhmischer Ritter, am ärgsten war der Einfall des Ritters Kaspar Löb (Leb) von Rosenthal, der mit 600 Reisigen und 1.500 Fußknechten die Ämter Cham und Kötzting durchzog.[44]

Herzog Christoph der Starke

Die Position des Herzogs Christoph war durch diese Vorgänge sehr geschwächt. Er überließ gegen eine nicht sehr beeindruckende Abfindung seinem Bruder Albrecht IV. für fünf Jahre die Alleinregierung (am 6. Mai 1469). Gemeinschaftlich besuchten die Brüder noch Papst Pius II. in Rom, dann war es mit der Eintracht vorbei.[45] Bald schien Christoph seinen Entschluss bereut zu haben, auf die Mitregentschaft zu verzichten. Zwischen den Dienern beider Brüder kam es zu einem heftigen Handgemenge. Albrecht versuchte, seinen tatendurstigen Bruder zu bewegen, in die Dienste des burgundischen Herzogs Karls des Kühnen zu treten. Der wollte aber nicht. Gerüchte machten die Runde, er oder seine Anhänger würden Pläne gegen Albrecht schmieden, ja, ihm sogar nach dem Leben trachten. Ganz konkret wurde kolportiert, Christoph wolle Albrecht gefangennehmen und auf die Burg seines Vertrauten Wolf von Schwangau, Burg Hohenschwangau, bringen.[46] Also ließ Albrecht am 23. Februar 1471 seinen jüngeren Bruder in München – der Sage nach beim Bade – überfallen. Die Angreifer, es waren Niklas von Abensberg,[47] Burkhard Rorbeck und Lorenz Bogner von Kelheim, überwältigten den nicht umsonst als „Christoph der Starke" bezeichneten Ritter. Man sperrte ihn in einen Turm der Neuen Feste. Christophs und Albrechts jüngerer Bruder Wolfgang floh daraufhin aus München und versuchte durch Briefe an Kaiser Friedrich III., zahlreiche Fürsten und die Stadt München[48] Unterstützer für seinen gefangenen Bruder zu gewinnen. Auch auf einem Reichstag in Regensburg warb er um Hilfe für Herzog Christoph. Kaiser, Landstände und

37 *Er war der Pfleger von Ingolstadt, vgl. Historischer Verein von und für Oberbayern (Hg.): Oberbayerisches Archiv für vaterländische Geschichte, Band 9, Heft 2, München 1847, S. 407.*

38 *Vgl. Geiß, Ernest: Beiträge zur Lebensgeschichte Herzog Ludwigs des Reichen: nebst ungedruckten Regesten und einem Itinerarium desselben, München 1847, S. 57.*

39 *Vgl. Würdinger: Kriegsgeschichte von Bayern, Franken, Pfalz und Schwaben, S. 137–138.*

40 *Gegen Bezahlung.*

41 *Die Erwähnung dieser Waffe, die in deutschen Heeren ansonsten selten anzutreffen war, ist wohl auf den Einfluss des böhmischen Kriegswesens zurückzuführen. Die erwähnten Trabanten könnten Böhmen gewesen sein, da sie etwas anders bewaffnet waren (es fehlten die Feuerrohrschützen).*

42 *Der Burghauptmann Ratzko von Rayol übergab am 5. Januar 1469 die Burg Altnußberg an die Truppen Albrechts IV., welche auf dessen Befehl die Burganlage schleiften.*

43 *Vgl. Würdinger: Kriegsgeschichte von Bayern, Franken, Pfalz und Schwaben, S. 139.*

44 *Vgl. Weißthanner, Alois: Der Kampf um die bayerisch-böhmische Grenze von Furth bis Eisenstein, Von den Hussitenkriegen bis zum Dreißigjährigen Kriege mit besonderer Berücksichtigung siedlungsgeschichtlicher Verhältnisse, in: Verhandlungen des historischen Vereins für Oberpfalz und Regensburg 89, Regensburg 1939, S. 187–358, hier: S. 205.*

45 *Vermutlich versuchte Herzog Albrecht durch persönliche Fürsprache seinem jüngeren Bruder Wolfgang eine hohes kirchliches Amt zu verschaffen, eventuell sogar die Kardinalswürde. Damit wäre dieser Bruder versorgt und damit aller Ansprüche auf eine etwaige Mitregierung enthoben. Dieses Ansinnen verlief allerdings im Sande. Vgl. Kraus, Viktor Ritter von: Deutsche Geschichte im Ausgange des Mittelalters (1438–1519), Erster Band, Stuttgart 1905, S. 455.*

46 *Vgl. Hormayr, Joseph Freiherr von (Hg.): Taschenbuch für die vaterländische Geschichte, München 1851, S. 380.*

47 *Der um 1441 geborene Niklas von Abensberg war um 1461 in eine rechtliche Auseinandersetzung mit Benigna von Tanndorf verwickelt. Sie brachte einen Schmähbrief gegen ihn in Umlauf, in dem sie vor ihm als „demselben verretischen plutferkeuffer und morders-poesswicht" warnte.*

48 *Vgl. Voigt, Johannes: Ueber die Gefangenschaft des Herzogs Christoph von Bayern, 1854, S. 510.*

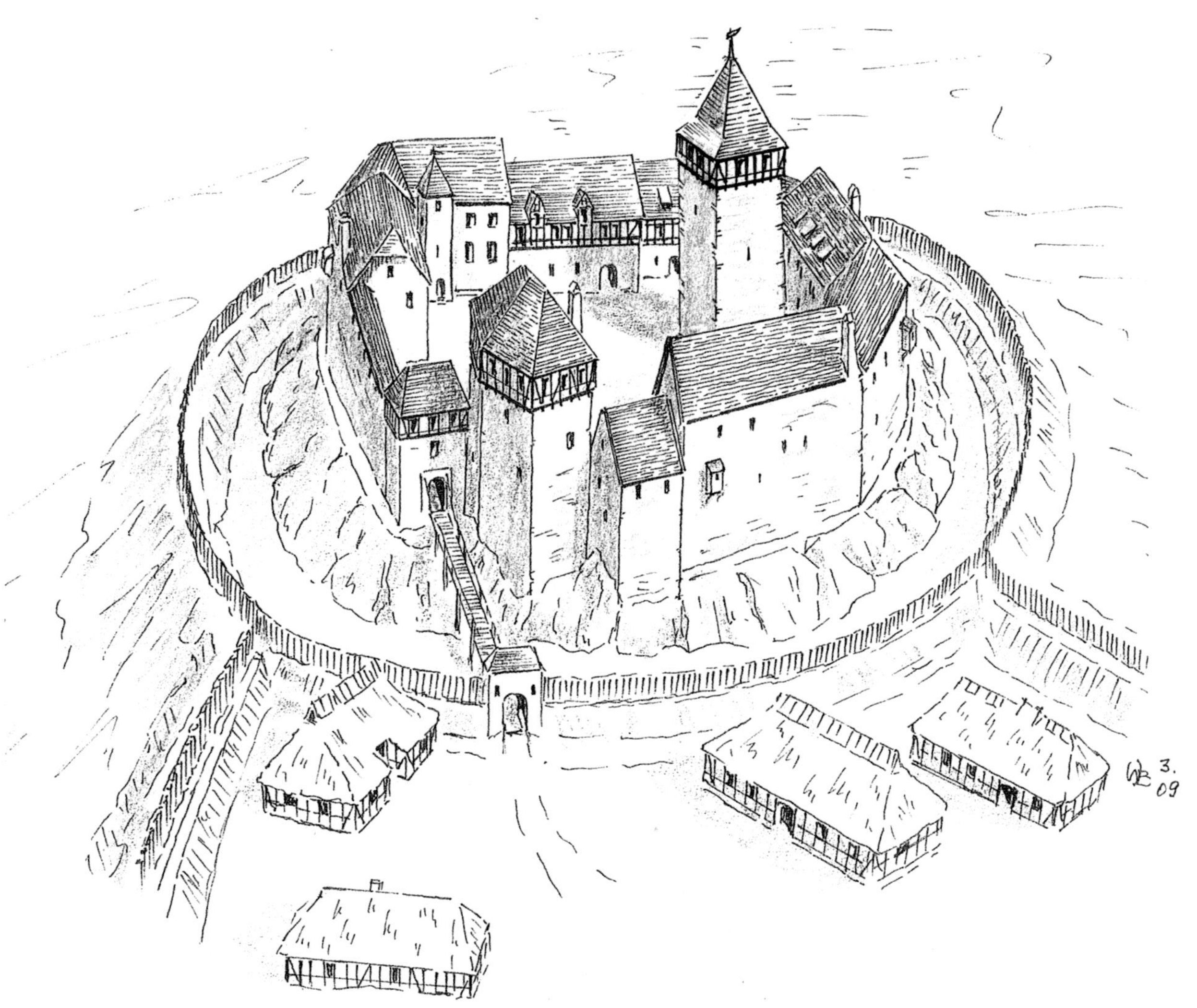

Burg Chameregg, Zeichnung Wolfgang Braun

verschiedene Fürsten appellierten an Herzog Albrecht, den Gefangenen freizulassen, umsonst. Das mochte Herzog Otto von Mosbach-Neumark nicht leiden. Er wollte Herzog Christoph gewaltsam befreien. In einer waghalsigen Aktion stieß er mit 100 Reitern bis München vor, er kam unentdeckt bis an den Stadtgraben (am 9. April 1472). Der Sage nach scheuchten seine Reiter die Vögel auf, Alarm wurde gegeben, Herzog Otto trat schleunigst den Rückzug an.[49]

Im selben Jahr gelang es auch dem Herzog Albrecht, Ratzko von Rayol, einen Verbündeten des Degenbergers, als Gefolgsmann zu gewinnen. Dieser wurde Pfleger Albrechts IV. in dessen Besitzungen in Furth, Eschlkam und Neukirchen beim Heiligen Blut.[50]

Nun drangen die Böhmen, wahrscheinlich von Philipp von Schaumburg gerufen, bis Kötzting vor. Katzberg[51] und die Vorstadt von Cham brannten sie nieder, vermutlich auch die Burg Chameregg. Die Böhmen setzten sich in einem ummauerten Kirchhof in der Gegend fest.

Um ihr weiteres Vordringen zu verhindern, ließen die Herzöge Albrecht und Ludwig zwei Feldlager errichten. Herzog Ludwig ließ noch ein weiteres Lager bei Regensburg beziehen, in das Albrecht 400 Reisige und 2.000 Fußknechte schickte, was den Ernst der Lage deutlich zeigt. Da sich aber die Verhandlungen mit Christoph (der jetzt in einer deutlich stärkeren Situation war) günstig entwickelten, konnte man die Feldlager auflösen. Am 19. Oktober kam Herzog Christoph wieder in Freiheit. Er musste feierlich geloben, keine Rache zu üben.[52] Herzog Ludwig entließ seine Truppen nicht sofort, mit dem Aufgebot zog er vor die Burg Möhren, mit deren Herrn Hans von Seckendorff er in Fehde lag. Dessen Lehnsherr Markgraf Albrecht Achilles von Ansbach und Kulmbach (der seit 1470 auch Kurfürst von Brandenburg

49 *Vgl. Westenrieder, Lorenz von: Handbuch der baierischen Geschichte, Nürnberg 1820, S. 483.*

50 *Der Pfleger von Furth war als „Hauptmann vor dem Wald" mit der Verteidigung der Grenze gegen Böhmen betraut. 1474 wurde Ratzko von Rayol in seinem Amt bestätigt, bekam allerdings die Auflage, 200 Gulden am Friedhof „zur notturfft zu verpawe", das heißt, um die Kriegsschäden zu beseitigen.*

51 *Katzberg ist heute ein Ortsteil Chams.*

52 *Einen solchen Schwur bezeichnetet man als „Hafturfehde".*

Dieser Reiter verzichtet zugunsten einer besseren Sicht auf den Schutz eines geschlossenen Helmes. Stattdessen verwendet er einen Eisenhut mit tiefer Krempe. Weiterhin trägt er hohe Reitstiefel aus weichem Leder anstatt des Beinzeuges. Ähnliche Rüstungen werden mitunter auch vom Fußvolk verwendet, dann jedoch ohne Stiefel und den Rüsthaken an der rechten Brustseite, der zum Einlegen der Lanze dient.
Foto: Christopher Retsch

Kleine Geschütze wie diese Feldschlange verschießen auf größere Distanzen zumeist Geschosse aus Blei.
Im Nahbereich werden zur Verteidigung auch Hagelladungen aus Eisenstücken oder Kieselsteinen verwendet.
Der Kanonier trägt eine Schaller mit geschobenem Nackenschirm, wie sie ab ca. 1490 Verwendung findet.
Foto: Andreas Petitjean

war) schlichtete den Streit.[53] Albrecht Achilles, der dem Herzog Ludwig in herzlicher Feindschaft abgeneigt war, vermutete, dieser wolle den Heeresaufmarsch für einen Angriff gegen ihn selbst benutzen

Im März 1475 entsagte Herzog Christoph für weitere zehn Jahre der Regierungsbeteiligung und enthielt als Entschädigung die Städte Landsberg und Weilheim zusätzlich zu einem Jahresgeld. Zudem wurden seine exorbitanten Schulden (in Höhe von 20.000 Gulden) übernommen (Schiedsspruch von Straubing, 20. März 1475). Bald gab es aber neue Forderungen Christophs und neuen Streit zwischen den Herzögen. Christoph fiel es am 8. Mai 1476 ein, den Bruder zum Zweikampf zu fordern, wohl wissend, dass der ablehnen würde.[54] Nach Christophs Vorstellungen sollte der Zweikampf auf freiem Felde an der Grenze der Gerichte München und Erding stattfinden. Als sein Bruder nicht erschien, wiederholte er die Forderung.

Herzog Albrecht atmete wohl erleichtert auf, als sein temperamentvoller Bruder in die Dienste eines fremden Königs trat. Christoph hatte mit dem Gedanken gespielt, zusammen mit seinem Bruder Wolfgang in den Dienst der französischen Krone zu treten. Dann besann er sich anders, es gab im Osten einen Herrscher, der wie der Burgunderherzog Karl der Kühne im Westen Söldner in Scharen anzog. Das war der Ungarnkönig Matthias Corvinus.

Matthias Corvinus war von den zwei Söhnen des ungarischen Heerführers Johann Hunyadi und seiner Gemahlin Erzsébet (Elisabeth) Szilágyi von Horogszeg der jüngere. Sein Vater zeigte sein Feldherrentalent in den Kriegen gegen die Türken, die er in mehreren großen Schlachten besiegte, unter anderem im Jahre 1456 bei Nándorfehérvár – dem heutigen Belgrad Matthias wurde am 24. Januar 1458 mit nur vierzehn Jahren von den ungarischen Magnaten zum König gewählt. Er wurde dabei vom böhmischen König Georg von Podiebrad[55] unterstützt. Und so machte er sich Kaiser Friedrich III. zum Feind, der gleichfalls auf die ungarische Königskrone schielte und sich dabei vor allem auf den Adel Westungarns stützen konnte, welcher ein Hunyadi-Königtum mehrheitlich ablehnte. Am 19. Juli 1463 wurde ein vorläufiger Vergleich („Friede von Ödenburg") geschlossen. Matthias Corvinus kaufte

53 *Vgl. Boller, Friedrich von: Notizen über die Burg Möhren und das dazugehörige Dorf Gundelsheim am Hanenkam, Ansbach 1834, S. 7.*

54 *Vgl. Riezler, Sigmund Ritter von: Christoph, Herzog von Bayern, in: Allgemeine Deutsche Biographie, Band 4, Leipzig 1876, S. 232–235, hier: S. 234.*

55 *Georg von Podiebrad, tschechisch Jiří z Poděbrad wurde am 6. April 1420 vermutlich auf Burg Poděbrady geboren und verstarb am 22. März 1471 in Prag. Er war böhmischer König von 1456 bis 1471.*

Herzog Wolfgang schreitet ein

W. hatte erst Ende Januar 1492 seine Rüstungen vollendet, überschritt mit den in seiner Herrschaft Türkheim gesammelten Truppen den Lech, ließ von Liechtenberg aus die benachbarten Dörfer plündern und die Unterthanen zur Huldigung zwingen. Mit Christoph vereint, drang er bis Tölz vor, das gleichfalls der Plünderung preisgegeben wurde. Als aber Albrecht heranrückte und die Landwehr der bedrohten Bezirke aufbot, wurde W., dem der Schwäbische Bund nur eine kleine Reiterschar zu Hülfe gesandt hatte, rasch in die Vertheidigung zurückgedrängt, seine Schlösser Greifenberg und Hegnenberg (13. und 15. Februar) von Albrecht's Truppen erobert. Ende April aber sammelte sich auf dem Lechfeld eine gewaltige Heeresmacht des Reichs und des Schwäbischen Bundes und am 10. Mai vereinigten sich mit ihr die 200 Reiter und das ansehnliche Fußvolk der Herzoge W. und Christoph, die erst zwei Tage darauf an Albrecht ihre Fehdebriefe schickten. Dieser, von seinem Verbündeten, H. Georg, im Stiche gelassen, sah sich gezwungen. Regensburg dem Reiche und seinen Brüdern alles, was er ihnen im Kriege abgenommen hatte, zurückzustellen. Die Unterhandlungen, die Albrecht mit den Brüdern einleitete, versprachen jedoch wenig Erfolg, so lange der Kaiser die Ansprüche der letzteren auf Mitregierung unterstützte. Noch am 22. Septbr. 1492 erließ Friedrich an die bairischen Landstände den Befehl, den Herzogen Christoph und W. zu huldigen. Die Stände aber wollten weder von Mitregierung der immer in Schulden steckenden Brüder noch von einer neuen Landestheilung etwas wissen, zwei Landtage, welche Christoph und W. nach Freising ausschrieben, wurden durch Albrecht's Verbot und Mangel an Besuch vereitelt. So haben die bairischen Stände damals durch ihr Verhalten der Primogeniturordnung Albrecht's vorgearbeitet. Unter Albrecht's persönlicher Einwirkung verstand sich dann auch der Kaiser zum Einlenken und empfahl den Brüdern in einem Mandat vom 31. December gütliche Auseinandersetzung. Diese herbeizuführen halfen die Landstände mit und bewogen auf einem Landtage zu München (20. März 1493) Christoph und W. zu der Erklärung, daß sie ihren Bruder nicht widerrechtlich der Regierung entsetzen, sondern ihrer früheren Verschreibung getreu bleiben wollten. Als aber W. um Ostern 1494 mit K. Maximilian bei Hohenschwangau und am Plansee auf Bären jagte, erhob er doch wieder Klagen gegen Albrecht und nach Christoph's Tode verlangte er Antheil an dessen Erbe. Er wandte sich mit seinen Forderungen an den Landschaftsausschuß und sogar an den Schwäbischen Bund, ohne jedoch Albrecht noch ernstliche Verlegenheiten bereiten zu können.

Riezler, Sigmund von: Wolfgang, Herzog von Baiern, in: Allgemeine Deutsche Biographie, Band 44, Leipzig 1898, S. 72 – 75, hier: S. 74..

die Stephanskrone für 80.000 Gulden zurück und krönte sich am 29. März 1464 in Stuhlweißenburg. 1469 rückte er mit dem Segen des Papstes mit seiner Streitmacht nach Mähren ein, um Georg von Podiebrad, dessen Tochter Katharina er im Jahre 1461 geheiratet hatte, als böhmischen König zu stürzen. Auf Wunsch der „Grünberger Allianz", eines böhmischen katholischen Adelsbundes, ließ er sich in Olmütz im Jahre 1469 zum Gegenkönig wählen. Als böhmischer König hätte er zum Kurfürstenkolleg gehört. Dadurch erhoffte er sich, die Möglichkeit zu schaffen, selbst zum römischen König gewählt zu werden – der Vorstufe zum Kaisertum. Er hatte früh erkannt, dass er nur mit Hilfe des Westens erfolgreich der immer stärker werdenden Bedrohung durch die Türken standhalten konnte. Der plötzliche Tod Georg von Podiebrads im Jahre 1471 kam ihm zu Hilfe. Matthias Corvinus konnte aber das böhmische Kernland nie erobern; seine Herrschaft erstreckte sich nur über die böhmischen Nebenländer Mähren, Schlesien und die Lausitz. Trotzdem nannte er sich seit 1469 böhmischer König und ließ sich 1471 sogar krönen.

Matthias Corvinus gilt vor allem wegen seiner Reformen als einer der bedeutendsten Könige der ungarischen Geschichte. Er beschränkte die Macht der Stände, wies den Hochadel in die Schranken, ordnete die Finanzen und stellte ein schlagkräftiges Heer auf, von dem ein Teil immer unter Waffen blieb. Die Mittel dazu kamen aus regelmäßig erhobenen Steuern und Ungarns reichen Goldfunden. Die Ungarn verfügten zwar über eine gute Reiterei; ihre Infanterie, Artilleristen und schweren Reiter warben sie aber vorwiegend im Ausland an. Den Grundstock hierfür bildeten die überlebenden Zebraken. Das waren böhmische Söldnerbanden, die sich selbst als „Brüder" bezeichneten. Der Begriff „Zebraken"[56] ist abwertend und stammt von ihren Gegnern. Obwohl die Söldner durch Ungarn, Deutsche und Osteuropäer verstärkt wurden, waren ihre bedeutendsten Führer die alten Veteranen der Bruderrotten: Johann und Wilhelm Tettauer von Tettau aus Mähren, Nicolaus von Haugwitz und Franz von Hag[57] aus Schlesien, Blasius Podmanicky aus der Slowakei. Das Söldnerheer wurde als „Legio Nigra" – Schwarze Legion[58] – zur wichtigsten Stütze des Königs. Es begleitete ihn auf allen seinen Kriegszügen und hielt den rebellischen Adel in Schach. Den Namen erhielten die Söldner von der dunklen Farbe der Waffen und Rüstungen. Man sagte ihnen nach, dass sie Hitze und Kälte gewohnt waren, Entbehrungen ertrugen und nur Matthias Corvinus als Autorität anerkannten. Die Schwarze Armee erreichte in

56 *Es bedeutet eigentlich „Bettler".*

57 *In tschechischen Quellen heißt er František z Háje, nicht zu verwechseln mit dem 1466 bei Baden (Österreich) hingerichteten Räuber Franz von Hag.*

58 *Oder auch „Schwarze Armee" genannt.*

ihren besten Zeiten eine Stärke von 20.000 Reitern und knapp 9.000 Fußsoldaten.[59] Die Kosten für dieses Heer waren immens und der Sold konnte deshalb nicht immer bezahlt werden. In solchen Fällen griffen die Söldner wie gewohnt zur Selbsthilfe und plünderten. Im Großen und Ganzen aber war die Schwarze Armee ein hervorragendes Instrument. Matthias Corvinus konnte auf die Heeresfolge des unzuverlässigen Hochadels verzichten, trotzdem den Vormarsch der Türken stoppen und zugleich sein Reich durch beträchtliche Eroberungen erweitern. Mit der Hilfe der Schwarzen Armee behauptete er 1474 Schlesien gegen Polen. Unter Matthias Corvinus´ Heerführern war Herzog Christoph am Sieg über die Türken bei Szendrö beteiligt. Als aber der Ungarnkönig sich im Juni 1477 gegen Kaiser Friedrich III. stellte, wollte Christoph nicht gegen das Reichsoberhaupt Partei ergreifen und ging nach Landshut. Erst später – nach einem Ausgleich zwischen Friedrich III. und Matthias Corvinus – kehrte er nach Ungarn zurück.[60] Er kämpfte in der Schlacht auf dem Brodfelde. Im Mai 1480 erschien Christoph zusammen mit Herzog Georg dem Reichen von Bayern-Landshut in Wien. 40 Ritter bildeten sein Gefolge, alle in Schwarz, Weiß und Rot gekleidet. Herzog Georg und Herzog Christoph waren die Ersten, die dort bei einem Turnier gegeneinander antraten. Angeblich hatte Matthias Corvinus dem Herzog Christoph Land in Ungarn versprochen, wenn er dort bliebe. In den nächsten Jahren gab es etliche Vermittlungsversuche verschiedener Fürsten zwischen den Brüdern Albrecht und Christoph. Was Letzterer in der Zwischenzeit machte, ist nicht genau nachzuvollziehen, bei den Kämpfen im Zusammenhang mit dem „Passauer Bischofsstreit" spielte er aber zwischenzeitlich eine Rolle. 1485 sollte die zehnjährige Frist ablaufen, für die Christoph von der Regierung des Herzogtums ausgeschlossen war. Albrecht erwirkte vom Kaiser noch schnell ein Dekret (am 15. Dezember 1484), welches es dem Herzog Christoph verbot, noch weiter auf einer Länderteilung zu bestehen. Andernfalls verlöre er sein Erbteil und müsse 300 Mark Goldes bezahlen.[61] Dieser ließ sich davon nicht beeindrucken. Er sammelte mit Albrechts Regierung unzufriedene Adlige um sich. Außerdem warb er im Allgäu und am Bodensee Truppen. 100 Reiter und 1.000 Fußknechte versammelte er und lagerte sie in Angelberg bei Mindelheim. Die auflaufenden Kosten bürdete er seinen Ämtern Landsberg und Weilheim auf. Die beschwerten sich folgerichtig bei Herzog Albrecht IV. Der verlangte nun von Christoph die Herausgabe der Ämter. Schließlich sei die Zehnjahresfrist abgelaufen, für welche man Christoph diese übereignet hatte. Herzog Christoph verweigerte natürlich die Herausgabe. Da rückte Albrecht mit 1.000 Reitern, mehreren Haufen Fußvolk und einigen leichten Geschützen vor die Burg Landsberg. Niklas von Abensberg war sein Oberster Feldhauptmann, Georg von Eisenhofen der Kommandeur des Fußvolks, Alexander von Pappenheim der Kommandeur der Reiter. Auf die Aufforderung zur Übergabe kapitulierte Pfleger Ulrich Adelsdorfer, er berief sich auf einen Befehl Christophs, das in einem solchen Falle zu tun. Albrecht versah die Burg mit einer Besatzung, kehrte mit dem Rest des Heeres nach München zurück und entließ dort die Truppen. Herzog Christoph hielt sich zu dieser Zeit in Augsburg auf, die Stadt hatte ihn auf kaiserlichen Befehl aufnehmen müssen. 64 Ritter aus dem Heer Albrechts, unter ihnen auch Niklas von Abensberg, sendeten einen Fehdebrief dorthin.

Gegen Niklas von Abensberg hegte er einen besonderen Groll. Christoph erfuhr, dass nämlicher auf dem Weg von München auf seine heimatlichen Güter sei. Er brach mit einer Schar von Augsburg auf und ritt in größter Eile bis Freising. Beim Pfleger von Krandsberg, Oswald Schönbichler, bat er um Speise für seine Leute und Futter für die Pferde. Angeblich war er in solcher Hast, dass seine Leute das Essen im Stehen einnahmen.[62] Bei Weihenstephan legte er sich Herzog Christoph in einen Hinterhalt. Als Erkennungszeichen steckte sich die kleine Schar Eichenzweige an die Helme. Der Sage nach bekam der Ritter Sundheimer Zweifel, er vermutete, dass der Abensberger mit großem Gefolge anrücken würde. Herzog Christoph gestattete dem Ritter, sich zu entfernen, wenn er wolle. Das wollte der aber dann doch nicht und steckte sich ebenfalls einen Eichenzweig an den Helm.[63] Am frühen Abend kam Abensberg mit seinem kleinen Gefolge von zwölf Rittern in Sicht. Herzog Christoph ordnete seine Reiterschar zu einer Keilformation, die 14 Armbrustschützen an den Flanken. Christoph gab den Angriffsbefehl. Der Herzog ritt voraus, er rannte Burkhard Rorbeck und Lorenz Bogner von Kelheim vom Pferd, mit denen er noch eine Rechnung offen hatte. Ein Ritter Christophs, Hans der Diesser, hatte den Abensberger vom Pferd gestoßen. Seitz von Frauenberg,[64] der Knappe Herzog Christophs, erstach ihn.[65]

59 *Vgl. Nicolle, David und McBride, Angus: Hungary and the fall of eastern Europe 1000–1568, London 1988, S. 12.*

60 *Das wird in manchen älteren Darstellungen bestritten. Demnach habe Christoph dem Kaiser abgesagt und sei die ganze Zeit in Ungarn geblieben.*

61 *Vgl. Würdinger: Kriegsgeschichte von Bayern, Franken, Pfalz und Schwaben, S. 143.*

62 *Vgl. Bruckbräu, Friedrich Wilhelm: Christoph der Kämpfer, Herzog von Bayern, oder: Der Löwenbund, Augsburg 1844, S. 201.*

63 *Vgl. Dollinger, Peter und Stark, Nicolaus: Die Grafen und Reichsherren zu Abensberg, Landshut 1869, S. 212–218.*

64 *Es gibt auch die Schreibweise „Siegmund von Frauenberg", vgl. Historischer Verein für den Regenkreis (Hg.): Verhandlungen des historischen Vereins für den Regenkreis, Erster Jahrgang, Zweites Heft, Regensburg 1832, S. 154.*

65 *In dem von Johann Jakob Fugger in Auftrag gegebenen „Ehrenspiegel des Hauses Österreich", der 1668 in Nürnberg im Druck erschien, ist das Ereignis ausführlich beschrieben. Viele spätere Darstellungen beziehen sich auf dieses Werk. Vgl. Alckens, August: Herzog Christoph der Starke von Bayern-München, Mainburg 1975, S. 28.*

Herzog Christoph am Leichnam des letzten Abensbergers.

Herzog Christoph versammelte seine Leute und ritt mit ihnen nach Moosburg, so geschehen am letzten Tag des Monats Februar anno domini 1485.[66] Oft ist die Tat als Mord verschrien worden, die Tatsache, dass Christoph beziehungsweise einer seiner Leute in einer Fehde einen Gegner getötet hatte, rechtfertigt dieses krasse Urteil aber nicht. Nach dem Verständnis der Zeit war das durchaus in Ordnung, zumal noch Niklas von Abensberg selbst die Fehde angesagt hatte. Wenn sich der Abensberger allerdings bereits ergeben hatte, wie manchmal behauptet wird, sieht die Sache anders aus. Die Auseinandersetzung spielte sich auf dem Territorium des Fürstbischofs von Freising ab, der nicht in den Streit der herzoglichen Brüder involviert war. Der Fürstbischof, Sixtus von Tannberg mit Namen, beeilte sich, durch einen Diener dem Herzog Albrecht in München versichern zu lassen, niemand in Freising habe von den Plänen Herzog Christophs etwas gewusst.[67]

Niklas von Abensberg wurde im ehemaligen Karmelitenkloster zu Abensberg begraben. Er hatte keine Söhne. Die Herrschaft Abensberg wurde nun ein Teil von Albrechts Herzogtum. Diese Aneignung geschah widerrechtlich, denn Abensberg war ein Reichslehen.[68] Derweil bemühten sich die Räte Herzog Georgs von Bayern-Landshut und Erzherzog Siegmunds von Tirol um eine Beilegung des Bruderzwistes. Schon war eine Truppe von fast 2.500 Mann und 118 Wagen von Albrecht aufgeboten worden, als am 17. Juni 1485 Christoph wieder einmal auf eine Teilnahme an der Regierung verzichtete. Er erhielt diesmal Pähl, Weilheim, Schongau und die Burg Rauhenlechsberg mit allen zugehörigen Ämtern. Doch schon ein paar Wochen später gab es wieder Streit. Herzog Albrecht und sein Bruder Herzog Sigmund schlossen mit Herzog Georg von Bayern-Landshut einen Erbvertrag. Herzog Georg sollte ihnen (und das heißt natürlich Herzog Albrecht IV.) helfen, Regensburg[69] unter seine Herrschaft zu bringen. Dafür sollte er im Falle des kinderlosen Ablebens des herzoglichen Brüderpaares das Herzogtum München-Straubing erben. Die anderen Brüder, Christoph und Wolfgang, wurden einfach übergangen.[70] Auch dem Kaiser gefiel diese Entwicklung gar nicht. Er war gegen Albrechts Vorgehen in Bezug auf Regensburg. Also entzog er ihm seine Gunst. In Innsbruck hatte Albrecht 1485 am Hof Erzherzog Siegmunds[71] die Kaisertochter Kunigunde kennengelernt. Der charmante, aber 18 Jahre ältere Albrecht malte sich durch die Heirat mit Kunigunde einen Machtzuwachs aus. Friedrich III. seinerseits, der ständig unter Geldmangel litt, erhoffte sich von dem durchaus wohlhabenden Albrecht Hilfe. Er war einverstanden, dass das Abensberg-Erbe als Kunigundes Mitgift in den Besitz des Herzogs überging. Außerdem sollte Kunigunde noch 20.000 Gulden Mitgift erhalten auf die Erzherzog Siegmund noch 40.000 Gulden drauflegen wollte.[72] Noch während der Hochzeitsverhandlungen besetzte Albrecht jedoch die Reichsstadt Regensburg, in der er viele Anhänger besaß.[73] Daraufhin zog der Kaiser seine Einwilligung zur Hochzeit zurück. Albrecht legte Kunigunde mit Hilfe von Siegmund eine gefälschte Einwilligung des Kaisers vor, und so fand am 2. Januar 1487 in der Innsbrucker Schlosskapelle die Hochzeit statt.[74] Kurz nach dem Dreikönigstage verließ das Paar Innsbruck und hielt wenig später in München prachtvoll und mit großem Anhang Einzug. Der Kaiser war aufgebracht, als er davon Kenntnis erhielt.[75]

Erzherzog Siegmund war Albrecht gegenüber sehr aufgeschlossen, was dem Kaiser ebenfalls gar nicht passte. Er hatte seinen Sohn Maximilian als Erben Tirols und der reichen Vorlande vorgesehen, denn Siegmund war kinderlos. Der chronisch klamme Siegmund hatte den

66 *Vgl. Müller, Johann Nepomuck: Chronik der Stadt Hemau, Regensburg 1861, S. 90.*

67 *Vgl. Dicker, Stefan: Landesbewusstsein und Zeitgeschehen: Studien zur bayerischen Chronistik des 15. Jahrhunderts; Köln, Weimar und Wien 2009, S. 144.*

68 *Vgl. Köbler, Gerhard: Historisches Lexikon der Deutschen Länder: die deutschen Territorien vom Mittelalter bis zur Gegenwart, München 1988, S. 49.*

69 *Ganz und gar gegen eine Unterordnung der Stadt unter herzogliche Gewalt war der Bischof von Regensburg, Heinrich IV. von Absberg, Bischof von 1465 bis zu seinem Tode am 26. Juli 1492. Er versuchte vergeblich, den Rat der Stadt durch Geldgeschenke von einem solchen Kurs abzubringen.*

70 *Herzog Wolfgang hatte am 28. März 1468 auf die Mitregierung verzichtet und dafür eine Leibrente von 2.400 rheinischen Gulden (mit der Option einer Erhöhung auf 3.000 Gulden nach sechs Jahren erhalten).*

71 *Dort hatte man Kunigunde untergebracht, weil sie dort einigermaßen sicher und trotzdem standesgemäß wohnen konnte.*

72 *Vgl. Prokop Freiherr von Freyberg, Maximilian: Pragmatische Geschichte der bayerischen Gesetzgebung und Staatsverwaltung seit den Zeiten Maximilian I., Leipzig 1839, S. 177.*

73 *Vgl. Bogner, Katrin: Herzog Albrecht IV. und Regensburg – Eine Reichsstadt im Fokus machtpolitischer Auseinandersetzung zwischen Kaiser und Herzog, Norderstedt 2007, S. 4.*

74 *Vgl. Wolf, Susanne: Die Doppelregierung Kaiser Friedrich III. und König Maximilian (1487–1493), Köln, Weimar und Wien 2005, S. 460.*

75 *In manchen Darstellungen heißt es, Prinz Maximilian sei in das ganze Projekt der Trauung ohne väterlichen Segen eingeweiht gewesen. Auf jeden Fall übernahm er eine vermittelnde Rolle zwischen seiner Schwester und seinem Vater. Vgl. Wurzbach von Tannenberg, Constantin: Habsburg und Habsburg-Lothringen: eine biblio-biographisch-genealogische Studie, Wien 1861, S. 287.*

Plan, Teile seine Herrschaftsgebietes zu verpfänden, um Geld aufzubringen.[76] Einst hatte er Teile der Vorlande an Herzog Karl den Kühnen verpfändet.

Herzog Siegmund von Tirol verpfändet das Elsaß an Herzog Karl den Kühnen
(aus der Chronik Diebold Schillings).

Nur durch den Sieg der Schweizer und deren Verbündeter über den Burgunderherzog konnte er die Pfandlande wiedergewinnen. Zu einem Eingreifen von der Seite des Kaisers kam es, als Erzherzog Siegmund wieder Verpfändungen vornahm, diesmal eben an Herzog Albrecht von Bayern-München.[77] Hätten alle Abmachungen Rechtskraft erlangt und wäre Herzog Albrecht nach einem Ableben des alten und nun zunehmend seniler agierenden Erzherzogs Siegmund (der keine legitimen Kinder hatte) Erbe Tirols und der Vorlande geworden, hätte das nicht nur für die Habsburger, sondern auch für die Reichspolitik unabsehbare Konsequenzen gehabt. Kaiser Friedrich III. schritt nun ein, geschickter Weise wurden für die letzten Eskapaden Siegmunds dessen Ratgeber und Amtsleute verantwortlich gemacht, die „bösen Räte“. Nun war es im ausgehenden Mittelalter ein Topos, dass der Landesherr stets gütig, weise und gerecht sein müsse. Fehlentscheidungen wurden oft auf die schlechte Beratung durch Räte zurückgeführt. Das machte sich jetzt Kaiser Friedrich III. zunutze und entmachtete die Hofkamerilla, übrigens unter großer Zustimmung seitens der Tiroler Landstände. Kaiser Friedrich verhängte am 8. Januar 1488 in Innsbruck die Reichsacht über verschiedene Personen aus dem Beraterkreis Siegmunds.[78] Im Einzelnen handelte es sich um Graf Jörg von Werdenberg-Sargans; Vogt

Deutsches Langschwert, geschmiedet von Stefan Roth, Foto: Stefan Roth

76 *Erste Verschreibungen Erzherzog Siegmunds an Herzog Albrecht datieren aus dem Jahre 1479.*

77 *Albrecht IV. von Bayern-München nutzte die Willensschwäche und Geldknappheit seines Freundes Siegmund aus, indem er im Juli 1487 einen Geheimvertrag arrangierte, vom Juli 1487, welcher ihm ganz Vorderösterreich für die geringe Summe von 50.000 Gulden überlassen sollte.*

78 *Vgl. Messner, Florian; Ollesch, Detlef; Seehase, Hagen und Vaucher, Thomas: Der Engadiner Krieg, Eine Reise in die Renaissance, Eltville 2016, S. 58–59.*

Warten auf den feindlichen Angriff,
Foto: Lisa Rauscher

Das Turnier dient dem Adel zur Selbstinszenierung sowie als Kriegsübung. Beim sogenannten Kolbenturnier geht es darum, dem Gegner mit einem hölzernen Streitkolben die Helmzier abzuschlagen. Die getragenen Harnische sind hier dieselben wie für den Kriegsgebrauch, die starren Helme mit ihren Visiergittern hingegen sind speziell für diese Turnierform konzipiert.
Foto: Christopher Retsch

Gaudenz von Matsch, Graf zu Kirchberg; Graf Oswald zu Thierstein; Graf Heinrich den Jüngeren von Fürstenberg; Freiherr Hans Werner von Zimmern; Hans von Wehingen; Gotthard Hartlieb; Christian Winkler; Jakob Streyt; Paul Marquart; Thomas Pipperle[79] und Anna Spieß[80] sowie ihre Anhänger und Helfer wegen der Beleidigung der Kaiserlichen Majestät. Dieses „*crimen leasae maiestati*" hätten sie begangen, indem sie Erzherzog Siegmund eingeredet hätten, er, der Kaiser, wolle Erzherzog Siegmund absetzen, mehr noch, ihn vergiften lassen.[81] Einige der nun in Reichsacht gefallenen Personen brachten sich nach Bayern in Sicherheit, andere gingen in die Eidgenossenschaft. Der Kaiser vereinbarte mit den Ständen, dass sein Sohn, König Maximilian[82], nach dem Ableben Siegmunds der neue Landesherr werden sollte. Der verzichtete auf seine Herrschaft (gegen lebenslanges Wohnrecht auf einigen Schlössern und eine angemessene Apanage[83]). Maximilian vermittelte auch zwischen seiner Schwester Kunigunde und seinem Vater. Der hatte Albrecht samt seiner frisch Angetrauten (immerhin war es des Kaisers eigene Tochter!) sogar mit der Reichsacht belegen wollen.[84] Nun war die Bahn frei für Herzog Christoph. Wohl um sich der kaiserlichen Gunst zu versichern, schloss er sich mit sieben Rittern und 25 Reisigen dem kaiserlichen Feldhauptmann Albrecht von Sachsen im Krieg gegen Ungarn an. Im November 1487 wurde wieder Frieden geschlossen. Nur wenige Monate später, am 14. Februar 1488, wurde auf dem Reichstag in Esslingen am Neckar der Schwäbische Bund (auch „Bund im Lande Schwaben") auf Veranlassung Kaiser Friedrichs III. als Zusammenschluss der schwäbischen Reichsstände gegründet. Der in mehreren Ritterbünden – am prominentesten war hier der St. Georgenschild – organisierte Niederadel war dabei, der hohe Klerus, die Fürsten und die zum Teil sehr wohlhabenden Reichsstädte. Politisch richtete sich der Bund gegen die Fürstentümer der Wittelsbacher, insbesondere gegen Bayern-München und gegen Kurpfalz.

Ungefähr zur gleichen Zeit schlossen sich Herzog Christoph und sein Bruder Wolfgang König Maximilian bei seinem Zuge nach Flandern an. Hier erhielten sie hohe Kommandopositionen und machten die wechselvollen Kämpfe mit. Als Maximilian 1488 zeitweise in Gefangenschaft geriet, wurde ein Reichsheer zu seiner Befreiung aufgestellt, zu dem wohl Kurfürst Philipp der Aufrichtige von der Pfalz Truppen stellte, nicht aber Albrecht IV. (und der war immerhin Schwager von Maximilian).

Im Jahre 1485 hatte Matthias Corvinus Wien erobern können, später große Teile der Steiermark. Nach langer Belagerung eroberte er 1487 sogar Wiener Neustadt.[85] Am 6. April 1490 starb er überraschend in Wien, woraufhin die von den Ungarn besetzten Teile Österreichs wieder von Friedrich III. zurückgewonnen werden konnten. Da Johann Corvinus, der uneheliche Sohn des Ungarnkönigs, bei der Thronfolge übergangen wurde, war der ungarische Thron vakant, Maximilian wurde ein möglicher Prätendent. Aber der Thron musste erst erkämpft werden.

Herzog Christoph diente in diesem ungarischen Feldzug im Heer des Kaisers. Mit König Maximilian zog er 1490 nach Ungarn gegen den Thronprätendenten Wladislaus II.[86] Überall machte er durch seine Tapferkeit und Stärke von sich reden. Bei der Einnahme von Stuhlweißenburg war er unter den Ersten auf der Mauer und vollbrachte Wunder an Tapferkeit. Es gelang Christoph mit seinen 8.000 Mann aber nicht, die Übergabe der Stadt Ofen zu erzwingen. Am 21. September des Jahres 1490 wurde Wladislaus (oder *Vladislav*) in Székesfehérvár auf Grundlage des Friedens von Olmütz von 1479 zum König von Ungarn gekrönt. Da es nicht gelang, die ungarische Krone für Maximilian zu sichern, konnte man den Feldzug als gescheitert betrachten.

Herzog Christoph stand wieder einmal mit leeren Händen da. Es nützte ihm kaum, dass der Kaiser ihn und seinen Bruder Wolfgang im Oktober 1490 zu Hauptleuten in einem geplanten Zug gegen die Stadt Regensburg ernannte.[87]

---

79 *Thomas Pipperle, Diener und Kämmerer Herzog Albrechts IV. von Bayern-München und möglicherweise Förster von Tölz in Oberbayern, war ein wichtiger Vermittler bei der Annäherung Herzog Albrechts an Erzherzog Siegmund von Tirol gewesen. Er wurde oft als Bote zwischen den beiden Höfen eingesetzt und besaß das volle Vertrauen seines Herren. Um die Jahreswende 1486/87 stand er in den Diensten Erzherzog Siegmunds.*

80 *Anna Spieß, in früherer Schreibweise auch „Spiessin", war die Witwe des Höflings Ritter Leopold Spieß von Friedberg. Eine Chronik beschreibt sie wenig schmeichelhaft als ein „groz und hager weip, nit angenehm an koerper und geist". Sie war eine frühere Geliebte Erzherzog Siegmunds. Anfang 1487 wurde sie der Hexerei bezichtigt, sie soll vier Frauen Schadenszauber beigebracht haben. Einer Verurteilung entzog sie sich durch Flucht.*

81 *Die sogenannte „Vergiftungsaffäre" war eine Intrige wie aus einem Drama: der Küchenmeister Siegmunds, Matthias Rainer, hatte zufällig einen Brief gelesen, den Anna Spieß an Herzog Albrecht in München geschrieben hatte. Sie teilte darin mit, Siegmunds Gattin, die junge Katharina von Sachsen, beabsichtige, Siegmund zu vergiften. Dann wolle sie mit der Hilfe ihres Vaters, Herzog Albrecht von Sachsen, die Macht in Tirol an sich reißen, Anna Spiessin ertränken und die Grafen von Werdenberg und Matsch enthaupten lassen. Hinter dem Plan für den Giftanschlag stünde niemand Geringeres als Herzog Albrecht von Sachsen und der Kaiser selbst. Der Küchenmeister Rainer informierte den Sachsenherzog und der wiederum Kaiser Friedrich III. Vgl. Wolf: Die Doppelregierung Kaiser Friedrich III. und König Maximilians (1487–1493), S. 467.*

82 *Er war seit 1486 römischer König.*

83 *Trotzdem starb er nahezu mittellos.*

84 *Eine Amtshandlung Herzog Albrechts hatte eine lange historische Nachwirkung: am 30. November 1487 wurde eine Verordnung bezüglich der Inhaltsstoffe und des Preises von Bier erlassen, die später als „Münchner Reinheitsgebot" bekannt wurde.*

85 *Vgl. Reinoß, Herbert: Zeugen unserer Vergangenheit erzählen die deutsche Geschichte, Gütersloh o.J., S. 166.*

86 *Beatrix von Ungarn, die Witwe von Matthias Corvinus, verhalf mit Unterstützung des ungarischen Adels Wladislaus auf den Thron und erhielt dafür ein Eheversprechen. Die Ehe wurde am 4. Oktober 1490 in Esztergom vom Bischof Tamás Bakócz geschlossen. Wladislaus II. betrieb nach der Krönung die (kirchenrechtlich eigentlich nicht mögliche) Scheidung von Beatrix. Wegen eines Fehlers, der dem Bischof wohl absichtlich unterlaufen war, konnte die Ehe am 2. April 1500 vom (Borgia-) Papst Alexander VI. annulliert werden.*

87 *Der Kaiser zürnte nämlich Regensburg, das sich in finanzieller Not lieber der Herrschaft Albrechts unterwarf, diesem huldigte und einen Unterwerfungsvertrag mit 15 Jahren Laufzeit unterzeichnetet, statt eine kaiserliche Steuer zu bezahlen. Alle Unterhandlungen zwischen dem Kaiser und dem Rat der Stadt über eine Rückkehr zum Status der Reichsstadt endeten ergebnislos.*

Kleine Gruppen von Berittenen gehören zum alltäglichen Kriegsgeschehen.
Ihre Aufgaben reichen vom Kundschaften bis hin zu kleineren Raubzügen. Die Ausrüstung variiert dabei mitunter stark, von leicht gerüstet bis hin zum Vollharnisch. Foto: Daniel Burger

Degenberg kontra Abensberg

Schon 1466, im Jahr der Neugründung des Böcklerbundes, gab es handfesten Streit zwischen Hans von Degenberg und Niklas von Abensberg.

Der Hergang war so: Als Graf Hans von Abensberg 1462 seinen Sohn Niklas mit der Gräfin Martha von Werdenberg verheiraten wollte, wurde eben jener Niklas von der Gräfin Margarethe zu Degenberg um die Ehen angesprochen, die ihr mutmaßlich Niklas von Abensberg versprochen hatte. Margarethe war die junge und attraktive Witwe des Christoph von Parsberg. Außerdem war sie die Schwester von Hans von Degenberg, der nahm sich nun der Sache an. Er trat für die gekränkte Ehre seiner Schwester ein und schickte zusammen mit seinem Onkel Hans Frauenberg zum Haag Fehdebriefe an Niklas von Abensberg. Niklas ließ die junge Witwe nach Salzburg vor das geistliche Gericht laden und befreite sich durch einen Eid von *„den Ansprüchen der ehesüchtigen jungen Wittwe"*. Dieses Urteil wurde 1464 vom Papst bestätigt. Georg der Törringer auf Stein war ein Onkel des Niklas von Abensberg und schaltete sich in die Angelegenheit ein. Er war insbesondere böse auf Hans Frauenberg zum Haag. Niklas von Abensberg wurde zum Zweikampf mit dem Degenberger gefordert,

Georg der Törringer und Hans Frauenberg zum Haag vereinbarten einen Zweikampf, nachdem sie sich schon brieflich beschimpft hatten. Der Zweikampf war für den 27. Juli 1464 anberaumt. Nun schalteten sich die Herzöge von Bayern-Landshut und Bayern-München ein. Die Kontrahenten erschienen vor dem Herzog Ludwig in Landshut und es wurde vereinbart, dass Hans von Degenberg und Niklas von Abensberg die Sache in ritterlichem Zweikampf ausfechten sollten. Die Modalitäten durfte der Degenberger bestimmen. Der Kampf sollte am Mittwoch nach Pfingsten stattfinden, in einem Vertrag wurden genaue Details festgelegt. Als Waffen sollten Lanze, Schwert und Degen erlaubt sein. Wer vom Pferde steigt (oder fällt) sei des anderen Gefangener. 2.000 Gulden wurden als Lösegeld festgesetzt.

Unter Aufsicht des herzoglichen Marschalls, er hieß Theseres Frauenhofer, und einiger Schiedsrichter („Grieswarte") wurden am Kampftage Pferde und Rüstungen überprüft und nach einigen Diskussionen erschien Niklas von Abensberg um ein Uhr auf dem Kampfplatz. Der Degenberger ließ anderthalb Stunden auf sich warten, machte dann höhnische Bemerkungen. Dann entbrannte ein Streit um die Regelkonformität der Rüstung Abensbergs. Niklas von Abensberg wollte sich, auf´s Äußerste provoziert, ohne Signal des Turniermeisters auf den Degenberger stürzen, das verhinderten die Grieswarte. Es gab einen Tumult, die Sache sollte vor einem herzoglichen Gericht ausgetragen werden, es gab aber immer neue Verzögerungen. Das Gericht tagte dann endlich am 5. Februar 1465. Die Sache wurde verglichen und auch der Streit zwischen den Onkeln geschlichtet.

nach: Dollinger, Peter und Stark, Nikolaus: Die Grafen und Reichsherren zu Abensberg, Landshut 1869, S. 189–196.

Fußknechte am Waldrand, Foto: Fred Wutz

Der Löwlerbund entsteht

Vermutlich trug sich sogar Herzog Albrecht IV. mit dem Gedanken, in den Schwäbischen Bund einzutreten, ja, vielleicht sogar eine hervorragende Rolle einzunehmen. Und vermutlich waren es Kurfürst Philipp von der Pfalz und Herzog Georg von Bayern-Landshut, die ihn davon wieder abbrachten.

Zunächst geriet Herzog Georg in Konflikt mit dem Schwäbischen Bund. Sein Statthalter in Weißenborn, Ludwig von Habsberg, lag in Fehde mit dem Abt von Roggenburg. Habsberg hatte die Abtei überfallen. Der Abt war Mitglied des Schwäbischen Bundes und erhielt Hilfe von der Stadt Ulm. Mit dieser Unterstützung nahm er ein paar herzogliche Burgen ein und zwang die Untertanen zur Huldigung für den Bund. Georg verbündete sich mit Albrecht, beide begannen in ihren Herzogtümern mit Rüstungen. Im Laufe des Sommers 1488 fielen Aufgebote der Städte Memmingen und Biberach in herzogliche Territorien ein, andere Bundesmitglieder versuchten, die Untertanen des Herzogs, welche auf dessen schwäbischen Besitzungen wohnten, zum Abfalle zu bewegen. Der Herzog besetzte seine verstreut liegenden schwäbischen Güter mit Fußknechten, die ihn viel kosteten. Seine Burg von Burghausen, die nahe der Grenze zu Österreich liegt, ließ er nach neuester Manier befestigen, was ebenfalls viel kostete.[88] Durch diese Ausgaben in finanzieller Bedrängnis, berief er die Landstände ein. Er wollte ein „Getränkumgeld“ auf fünf Jahre erheben, eine Steuer auf Bier und Wein also. Damit stieß er bei der Ritterschaft auf großen Widerstand.[89]

Auch Herzog Albrecht IV. wollte die Kosten seiner Rüstungen auf seine Untertanen umlegen. Er kam auf die Idee, „Raisgeld“ zu erheben. Die Bauern sollten eine Abgabe zahlen, damit wollte der Herzog kriegstüchtiges Fußvolk werben. Interessant ist die Begründung

88 *Die Herzöge von Bayern-Landshut wurden manchmal mit dem Beinamen „der Reiche“ versehen. Die jährlichen Einkünfte in der zweiten Hälfte des 15. Jahrhunderts konnten sich durchaus sehen lassen: 64.000 Gulden. Das Herzogtum Bayern-München hatte im gleichen Zeitraum 30.000 Gulden Einkünfte jährlich.*
Zum Vergleich:
Herzogtum Sachsen: 39.000 Gulden,
Markgrafschaft Brandenburg: 33.000 Gulden,
Erzstift Köln: 49.000 Gulden
Höhere Einkünfte hatten nur der Kurfürst von der Pfalz mit durchschnittlich 100.000 Gulden und der Erzherzog von Tirol mit 117.000. Letzterer war dank seiner katastrophalen Haushaltspolitik aber chronisch pleite.
Vgl. Kraus, Andreas: Sammlung der Kräfte und Aufschwung (1450–1508), in: Handbuch der bayerischen Geschichte, Band 2, München 1988, S. 294–295.

89 *Vgl. Würdinger: Kriegsgeschichte von Bayern, Franken, Pfalz und Schwaben, S. 151.*

Die Hellebarde stellt in ihren zahlreichen Varianten die übliche Standardwaffe der Fußknechte dar. Im Verlauf der 1470er Jahre kommt auch dem Langspieß eine immer größere Bedeutung zu. Foto: Andreas Petitjean

des Herzogs: mit geworbenem Fußvolk sei man auf die Heerfahrt der Bauern nicht mehr angewiesen, diese könnten dann zu Hause auf den Höfen bleiben. Da bislang Bauern nicht nur zu allerlei Hilfsdiensten, sondern manchmal auch als Fußkrieger eingesetzt wurden, die Gestellung von Wagen und Zugtieren auch auf Kosten des Bauernstandes ging, wäre das eine Erleichterung des Loses der Bauern gewesen. Im Oberland willigten die Stände ein, im Niederland – also der Hochburg des alten Böcklerbundes – war die Ritterschaft strikt dagegen. Man beargwöhnte durchaus zutreffend, wenn der Herzog geworbene Truppen zur Verfügung hätte, sei er auf den Adel bei Kriegszügen nicht mehr angewiesen, dieser verlöre folglich an Gewicht. Der Herzog scherte sich nicht um den Protest. Die bisher von „Landsteuerern", von der Landschaft bestimmten Abgeordneten, eingebrachten Steuern wollte er nun von herzoglichen Amtleuten eintreiben lassen. Diese sollten auf weltlichen und geistlichen Gütern von den Bauern Steuern kassieren. Ausgenommen waren lediglich die auf dem Eigengut des Adels ansässigen Bauern. Bauern, die auf Vogteien oder Lehnsbesitz des Adels oder des Klerus saßen, hatten Steuern zu bezahlen. Bislang hatte der Adel bei Kriegszügen die Steuern bei diesen Bauern eingetrieben. Dass der Herzog über dieses althergebrachte Privileg hinwegging, erzürnte manchen. Der Herzog ließ sogar die „Ottonische Handfeste" von 1311, eine Manifestation der Adelsrechte in Niederbayern von alters her, durch ein juristisches Gutachten für nichtig erklären.

24 Adlige führten Klage, sie hätten dem Herzog weder Steuern noch Abgaben bewilligt. Die aufsässigen Adligen versammelten sich in Regensburg, wohin der Herzog die Warnung ergehen ließ, sie sollten ihre Adelsfreiheiten nicht über Gebühr strapazieren. Die Aufforderung des Herzogs, einige Ritter als Abgesandte nach München zu Verhandlungen zu schicken zwecks eines Vergleiches, ignorierten die Adligen. Sie hatten auch noch andere Ursache zur Klage: da ging es um uralte Rechte, wie die Flößerei auf dem Regen, da ging es um herzogliche Kalkbrennereien auf Ländereien des Adels usw.

Am 14. Juli 1489 unterzeichneten 46 Ritter in Cham den Bundesbrief der *„Gesellschaft von dem Leon"*, dem Löwlerbund. Die Ritter stammten aus nahezu denselben Familien, die anno 1466 den Böcklerbund gegründet hatten. Mit dabei war beispielsweise Hans V. von Degenberg, Sohn des 1487 gestorbenen Hans IV.

Sie bekamen Auftrieb durch Pfalzgraf Otto II. von Pfalz-Neumarkt-Mosbach. Er trat nämlich dem Bund bei und verschaffte ihm zusätzliche Legitimation. Die übrigen Mitglieder erkannten ihn als Herrn ihres Zusammenschlusses an. Als Kennzeichen der Zugehörigkeit sollten die Mitglieder eine Kette mit dem

1492 – Truppen der Stadt Nürnberg sind zur Musterung vor ihren Hauptleuten angetreten.
Sie stehen im Krieg gegen Herzog Albrecht IV. auf kaiserlicher Seite und werden bald losziehen, um sich mit den Kontingenten des Schwäbischen Bundes bei Augsburg zu vereinen. Ihnen voran wird die Fahne mit dem großen Nürnberger Wappen getragen. Foto: Andreas Petitjean

Abbild eines Löwen tragen; die Gestaltung des Abzeichens wird in der Gründungsurkunde detailliert beschrieben. Für Ritter waren goldene Löwen vorgesehen, für Edelknechte solche aus Silber. Als Mitgliedsbeiträge waren für einen Edelknecht[90] zwei Gulden, für einen Ritter drei Gulden, für einen Grafen oder Freiherrn fünf Gulden festgesetzt.

Als Bundesorgane fungierten wie beim Böcklerbund ein Hauptmann und seine Räte. Wie schon beim Böcklerbund war wieder der Chamer Pfleger Sebastian Pflug zum Rabenstein Hauptmann.[91] Als Räte wurden ihm Heinrich Nothaft von Wernberg, Hans von Parsberg und Jobst Zenger zu Schneeberg[92] zur Seite gestellt. Es wurde beschlossen, dass der Hauptmann und seine Räte jährlich zu wählen waren. Sie sollten zweimal im Jahr in Cham, das nicht im Herrschaftsbereich Albrechts IV. lag, zu Beratungen zusammenkommen. Der Tod eines Mitgliedes musste dem Hauptmann gemeldet werden, die entsprechenden Trauerfeierlichkeiten fanden in der Kirche von Neumarkt in der Oberpfalz, der Residenzstadt Pfalzgraf Ottos II., statt. Die Mitgliedschaft war erblich; der Bundesbrief verpflichtete also alle Mitglieder und deren männliche Erben. Im November 1489 traten die Herzöge Christoph und Wolfgang dem Löwlerbund bei.[93] Pfalzgraf Otto II. von Pfalz-Neumarkt-Mosbach fragte beim König von Böhmen an, im Falle eines Krieges zwischen dem Löwlerbund und Herzog Albrecht zu verhindern, dass böhmische Söldner Letzterem helfen würden. Eine solche Übereinkunft lehnte der Böhmenkönig ab. Nun wandte sich der Löwlerbund an Herzog Georg von Bayern-Landshut, an Kurfürst Philipp von der Pfalz und an verschiedene Städte um Beistand. Auch Herzog Albrecht trat mit Herzog Georg und Kurfürst Philipp in Verbindung. Die waren auch eher Albrecht zugeneigt als dem Löwlerbund. Das hatte seinen Grund. Rund vier Wochen nach seiner Gründung war der Bund um zehn neue Mitglieder angewachsen, und das waren zum Teil Vasallen Georgs oder Philipps. Der war besonnen und riet Herzog Albrecht, mit dem Bund zu einer Einigung zu kommen. Da traten – wie erwähnt – die Herzöge Wolfgang und Christoph dem Löwlerbund bei. Vermutlich waren sie über die Untätigkeit des Kaisers in ihrer Sache unzufrieden. Im Frühjahr 1490 versuchte der Pfälzer Kurfürst, zwischen den Löwlern und Herzog Albrecht zu vermitteln. Als das an der Unnachgiebigkeit der Löwler scheiterte, versprach er (wie es schon Herzog Georg zuvor getan hatte) Albrecht seinen Beistand. Pfalzgraf Otto II. von Pfalz-Neumarkt-Mosbach handelte nun etwas zurückhaltender. Die Löwler wendeten sich jetzt an den Schwäbischen Bund. Schon im Dezember hatten einige Mitglieder enge Beziehungen zum Schwäbischen Bund geknüpft. Damals hatte Bundeshauptmann Sebastian Pflug zum Rabenstein eine enge Allianz verhindert – der Sage nach aus Patriotismus, er hielt den Schwäbischen Bund für eine gegen Bayern gerichtete Institution.[94] Einige Monate später gewann beim Löwlerbund ein radikalerer Flügel, angeführt durch Bernhardin von Stauff, die Oberhand. Man bemühte sich um ein Bündnis mit dem Schwäbischen Bund und dem Böhmenkönig. Herzog Christoph war dagegen, Pfalzgraf Otto II. war es auch. Im Schwäbischen Bund gab es seinerseits Stimmen gegen ein Bündnis mit den Löwlern, namentlich die Städte und die Fürsten waren misstrauisch, weil sie eine Stärkung des ritterlichen Elementes nicht wünschten. Trotzdem kam ein Bündnis zustande, das geschah am 30. November 1490. Welche Kräfte der Schwäbische Bund mobilisieren konnte, bewies er in einem Konflikt mit der Kurpfalz.

Ein Hans Lindenschmitt hatte ein Mitglied des Schwäbischen Bundes, Eitel Schelm von Bergen, befehdet und dessen Wasserburg Neibsheim zerstört. Was den Überfall besonders heimtückisch und bösartig erscheinen ließ, war die Tatsache, dass Lindenschmitt wohl seinem Kontrahenten einen Fehdebrief geschrieben, aber dieser ihn erst nach dem Überfall erhalten hatte. Weder der Bischof von Speyer noch der Pfälzer Kurfürst griffen gegen den Friedensstörer ein, obwohl sie als dessen Lehnsherren dazu verpflichtet gewesen wären. Das war jedenfalls die Interpretation des Schwäbischen Bundes. In einem Brief der Reichsstädte Schwabens und der in der Rittergesellschaft vom St. Georgsschild vereinigten schwäbischen Ritterschaft schilderte man der Stadt Worms den Vorfall.[95] Der Speyrer Bischof wurde sogar der Unterstützung des Überfalls bezichtigt. Eitel Schelm von Bergen als Lehnsnehmer des Bischofs schrieb diesem einen Absagebrief. Bischof Ludwig[96], der seine Unschuld beteuerte, wendete sich an den Pfälzer Kurfürsten, der militärische Unterstützung für den Notfall versprach. Bald bot der Schwäbische Bund 1.800 Reisige und 9.000 Fußknechte auf, dann kam es aber im November 1490 zu einem Friedensschluss und der Krieg blieb aus.[97]

Abgesandte des Löwlerbundes erreichten beim Böhmenkönig die Zusage militärischer Hilfe, allerdings sollten dafür 80 bayerische Burgen der Krone Böhmens überantwortet werden. Dieses Bündnis verärgerte Pfalzgraf Otto so sehr, dass er mit dem Austritt aus dem Bund drohte. Die Versuche des Schwäbischen Bundes,

90 *Das verlangt eine kurze Erklärung. Ein Edelknecht war ein ritterbürtiger, erwachsener Edelmann, der eben noch nicht zum Ritter geschlagen worden war. Vielen blieb der Ritterschlag auch lebenslang verwehrt: häufig wurde in Familien des niederen Dienstadels nur der älteste Sohn Ritter. Die jüngeren blieben aus wirtschaftlichen Gründen Edelknechte. Das hatte in der Praxis wenig Auswirkungen. Die Zahl der Edelknechte übertraf im Spätmittelalter die Zahl der Ritter um ein Vielfaches. Häufig wurde der Begriff „Edelknecht" auch für Schildknappen oder nicht ritterbürtige Sergeanten verwendet.*

91 *Sebastian Pflug (es gibt auch die Schreibweise Pflugk) entstammte dem böhmischen Uradelsgeschlecht der Pluh z Rabstejna. Er muss zur Zeit des Löwlerkrieges schon ein älterer Herr gewesen sein. Sein Geburtsjahr wird zwischen 1410 und 1420 vermutet. Vgl. Brenner-Schäffer, Wilhelm: Geschichte der Stadt Weiden im Königlich-Bayerischen Regierungsbezirke der Oberpfalz und von Regensburg, Regensburg 1853, S. 48.*

92 *Er war wie sein Bruder Jörg ein Vasall von Pfalzgraf Otto II.*

93 *Vgl. Mayer, Joseph Maria: Das Regentenhaus Wittelsbach oder: Geschichte Bayerns, Regensburg 1880, S. 441.*

94 *So sagt jedenfalls die Legende.*

95 *Schaab, Carl Anton: Geschichte des großen rheinischen Städtebundes, Band 2, Mainz 1845, S. 508.*

96 *Ludwig von Helmstatt, Bischof von 1478 bis zu seinem Tode 1504, galt als fromm und gerecht, legte aber seinen Untertanen eine hohe Steuerlast auf. Vgl. Ammerich, Hans: Das Bistum Speyer und seine Geschichte. Band 2: Von der Stauferzeit (1125) bis zum Beginn des 16. Jahrhunderts, Kehl am Rhein 1999.*

97 *Vgl. Würdinger: Kriegsgeschichte von Bayern, Franken, Pfalz und Schwaben, S. 154.*

Burg Prunn von Südosten über der Altmühl

Foto: Konrad Rainer, Salzburg

Vasallen des Herzogs Georg sowie des Kurfürsten Philipp ihren Lehnsherren abspenstig zu machen, brachten diese dann dazu, sich noch enger mit Herzog Albrecht zusammenzuschließen. König Maximilian[98] versuchte, zwischen den Kontrahenten zu vermitteln, aber die bayerischen Herzöge brachen die Verhandlungen ab. Also bestätigte Maximilian achselzuckend den Eintritt der Löwler in den Schwäbischen Bund und Anfang Oktober 1491 erklärte sein Vater, Kaiser Friedrich III., die Reichsacht über Regensburg.[99] Einige Wochen später beauftragte der Kaiser Mitglieder des Löwlerbundes – namentlich Berhardin von Stauff – mit der Reichsexekution gegen Regensburg.[100]

Der Löwlerkrieg

Es war wohl Herzog Wolfgang, der dem Kaiser zu einer härteren Gangart riet. Er hegte einen ganz besonderen Groll gegen seinen Bruder Albrecht. Der hatte 1487 zwei Amtsleute Wolfgangs, seinen Jägermeister und den Pfleger Erhard von Perfall, ins Gefängnis werfen, den Ersteren sogar foltern lassen. Am 6. August 1491 ließ Wolfgang einen gedruckten Aufruf an die Landstände gehen, worin er auf Abtretung seines ihm rechtlich zustehenden Landesviertels pochte. Wolfgang war wie sein Bruder Christoph schon seit Monaten ernannter Feldhauptmann einer nichtexistenten Exekutionsarmee gegen Regensburg. Nun gab es die – in der Form der Löwler. Der Kaiser bestätigte am 3. November 1491 den Löwlerbund.[101] Herzog Wolfgang drängte, dass innerhalb von 14 Tagen der Angriff auf seinen Bruder Albrecht beginnen möge. Bundeshauptmann Pflug zum Rabenstein hatte noch zur Vorsicht gemahnt, ja, er hatte Wolfgang und die anderen Löwler beschworen, erst die Hilfe des Schwäbischen Bundes (mit Taten, nicht nur mit Worten) abzuwarten, sich außerdem der Unterstützung der Böhmen zu vergewissern. Aber die Zeichen standen auf Sturm.

Am 9. Dezember 1491 erließ Sigmund von Sattelbogen zusammen mit dem Ritter Elsenbeck an den Herzog Albrecht einen förmlichen Absagebrief. Kaum hatte Bernhardin von Stauff erfahren, dass die Absagebriefe angeschlagen worden waren, ließ er in Beratzhausen den Regensburger Bürger Ulrich Heigel gefangen nehmen.

Hieronymus von Stauff hatte anfangs seinen Bruder Bernhardin von dem Beitritt zum Löwlerbund zurückzuhalten und die Zwistigkeiten mit Herzog Albrecht gütlich beizulegen versucht. Er war nun der Erste, der gegen den Landesherrn losschlug, indem er in der Nacht vom 12. auf den 13. Dezember von seinem Sitze Köfering aus dessen Dorf Pfatter überfiel. Er konnte 20 Gefangene einbringen, darunter den Kastner Heuraus von Viechtach. Am kommenden Tage verheerte sein Bruder Bernhardin fünf Dörfer, dann am 16. Dezember noch vier weitere. Die Beute und die Gefangenen wurden in die stauffischen Burgen Ehrenfels und Beratzhausen gebracht. Auch die Parsberger schlugen los, sie plünderten ein Dorf im Gericht Riedenburg und schafften die Beute auf die Burg Flügelsberg. Laut einem Brief Herzog Albrechts an den böhmischen König waren die Löwler nicht sehr anspruchsvoll bei der Wahl ihrer Mittel, wenn es darum ging, von Gefangenen die Verstecke von Wertgegenständen herauszupressen.

Der herzogliche Vizdom[102] von Straubing, Blicker Landschad,[103] rief ein Aufgebot im Nordgau zusammen und schickte einen Stoßtrupp unter Cunz von Bernheim nach Hemau. Zu einem Zug gegen Köfering verlangte Landschad von Regensburg 400 Mann, er erklärte, dass seinem Aufruf zum Waffendienst in den

Städten und Märkten niemand folge, da die Bürger lieber ihr heimisches Hab und Gut beschützen wollten. Der Rat Regensburgs erklärte, man sei nur zur Stellung von 50 Mann verpflichtet. Von diesen erschienen dann auch nur 20 Mann beim Vizdom, also wurde der Angriff gegen Köfering vertagt.[104] Herzog Albrecht beauftragte nun seinen Vizdom, 300 böhmische Söldner nach Furth zu rufen und aus Regensburg zwei große Geschütze zu holen.

Außerdem erging der Ruf um Hilfeleistung an die Verbündeten, Herzog Georg sollte 60 Reisige nach Straubing schicken, der kurpfälzische Vizdom von Amberg 50 Reisige nach Regensburg, die Stadt Nürnberg 100 Fußknechte nach Sulzbach. Auch Pfalzgraf Otto II. von Pfalz-Neumarkt-Mosbach wurde um Waffenhilfe ersucht, er hatte sich inzwischen politisch vom Rest des Löwlerbundes entfernt. Im Oberland wurde am 19. Dezember jeder achte Mann zum Kriegszug aufgeboten, die anderen sollten in Bereitschaft zu Hause warten. Die Stärke des Aufgebots betrug 1.237 Mann, 100 rüstete München auf eigene Kosten aus. Die Reiterei stellten der Adel und die Städte.

Auch im Niederland rüsteten die Herzoglichen.[105] Von einigen Aufgeboten sind sogar Stärke und Zusammensetzung bekannt. Feldhauptmann Hans Paulsdorfer[106] meldete, das Landgericht Straubing könne 444 Mann stellen, davon 60 Feuerschützen, 90 Armbrustschützen und 294 Hellebardiere und Spießträger.

Der Pfleger von Haidau meldete 94 Feuerschützen, 22 Armbrustschützen und 214 Hellebardiere und Spießträger.

Der Richter von Viechtach meldete 298 Feuerschützen und 462 Hellebardiere. Aus Deggendorf meldete Degenhard Watzmannsdorfer 400 Bewaffnete. Aus Furth,

98 *Er war 1486 (noch zu Lebzeiten seines Vaters) in Frankfurt zum „Römischen König" gewählt und wenig später in Aachen gekrönt worden.*

99 *Das hatte sofort wirtschaftliche Auswirkungen auf die Stadt. Nürnberg verhängte eine Handelsblockade gegen Regensburg und konfiszierte Güter von Regensburger Kaufleuten. Wolf: Die Doppelregierung Kaiser Friedrich III. und König Maximilians (1487–1493), S. 513.*

100 *Durch die Anlehnung an Herzog Albrecht konnte die Stadt Regensburg gegenüber dem Adel wesentlich selbstbewusster auftreten, was natürlich die Löwler dem Stadtrat gegenüber nicht gerade freundlicher stimmte. Vgl. Gumpelzhaimer, Christian Gottlieb: Regensburg's Geschichte, Sagen und Merkwürdigkeiten von den ältesten bis auf die neuesten Zeiten, Zweiter Band, Regensburg 1837, S. 549.*

101 *Kaiser Friedrich bestätigte auch die Urkunden des Straubinger Adels, die Albrechts IV. Juristen angefochten und für nichtig erklärt hatten.*

102 *Ein Vizdom (es gibt auch andere Schreibweisen, etwa „Viztum" oder „Vicedom") war ein landesherrlicher Gouverneur oder Statthalter.*

103 *Es existiert auch die Schreibweise „Bleiker Landschad".*

104 *Vgl. Würdinger: Kriegsgeschichte von Bayern, Franken, Pfalz und Schwaben, S. 156.*

105 *Hier wurden an die 4.000 Kämpfer zusammengebracht.*

106 *Hans Paulsdorfer war ein enger Vertrauter des Herzogs.*

1491/92 – Ein gut gerüsteter Handbüchsenschütze nimmt den Wehrgang einer Burg unter Beschuss. Kugeln und Pulverladungen befinden sich in der umgehängten Ledertasche. Die moderne Luntenschlosswaffe wird von der Schulter abgefeuert, wodurch ein genaueres Zielen über den Lauf hinweg möglich ist. Foto: Christopher Retsch

Eschlkam und Neunburg[107] waren nur 59 Mann erschienen, da der „Hauptmann vor dem Wald" den Großteil der Mannschaft als Reserve im Falle eines böhmischen Einfalls zurückhalten wollte.[108] Allerdings nahm auch Herzog Albrecht IV. böhmische Söldner in den Dienst. 100 Mann Fußknechte von Stenko von Teniz und ebenso viele vom Herrn von Rosenberg[109] nebst zwei kleineren Kontingenten wurden in Furth durch den Kastner Peter Raid von Kötzting in den herzoglichen Dienst aufgenommen.[110] In der Nähe von Kötzting kam es zu einem Gefecht. Eine Abteilung der Löwler zog bis in die Nähe des Ortes, als die herzogliche Besatzung einen Ausfall machte. Diese führte ein kleineres Geschütz mit sich und ein Schuss tötete einem Schildknappen das Pferd unter dem Leib. Daraufhin kam es zu einem unentschiedenen Reitergefecht. Die Löwler brachen ihr Lager ab und zogen sich bis Cham zurück.[111]

Den übereilten Angriff der Löwler missbilligte der Schwäbische Bund. Man könne die versprochenen 4.000 Mann bei dem Winterwetter nicht nach Köfering in Marsch setzen, die Löwler mögen doch bis Januar warten. Jobst Zenger schrieb aus Prag an Bernhardin von Stauff, auch der böhmische König sei verschnupft wegen des Angriffs zur Unzeit. Nur Herzog Wolfgang brachte gute Neuigkeiten. Er versprach, mit 2.000 Mann in Albrechts Herzogtum einzufallen, während der gegen Köfering ziehe.

Aber ungehindert setzte sich Albrecht am 21. Dezember von München in Marsch, er stand mit seinem Heer und vier Geschützen schon am 24. Dezember vor Köfering. Er zwang Hieronymus von Stauff zur Übergabe und zerstörte am 26. Dezember 1491 die Burg Köfering und die Burg in Triftlfing. Neben Hieronymus von Stauff gerieten 80 Fußknechte in Gefangenschaft. Herzog Albrecht ließ die Dörfer der Stauffer, der Elsenbeck zu Gutting und der Sattelbogner plündern. Von Köfering begab sich Albrecht nach Regensburg. Er besetzte Stadt am Hof[112] mit 600 „Landleuten" unter dem Hauptmann Wilhelm Pucher.

Die von Wolf Fraunberger verteidigte Burg Prunn wurde im Dezember 1491 von den Truppen des Herzogs eingenommen.[113] Es gibt eine Überlieferung, wonach einige Tage zuvor die Löwler auf Burg Prunn einen Kriegsrat gehalten hätten. Wolf Fraunberger riet zu einem Ausgleich mit dem Herzog, aber die Parsberger hätten ihn überstimmt.

Burg Eggersberg, deren Burgherr der Ritter Veit Muggenthaler war, wurde von den Herzoglichen nach geringer Gegenwehr erstürmt.[114]

Am 5. Januar wurde Flügelsberg, die Burg der Parsberger, genommen, Hans und Georg Parsberger nebst 18 Knappen und Fußknechten gefangen genommen.[115]

Burg Flügelsberg, Zeichnung: Wolfgang Braun

Zwei Tage später fiel auch der stauffische Markt Beratzhausen. Dann gab es eine Waffenruhe, da in Waldmünchen Gesandte des Königs Maximilian und des Herzogs Georg von Bayern-Landshut Vermittlungsversuche machten. Die Vertreter der Löwler wiesen die Gesandten ab, denn sie erhofften sich Hilfe vom Schwäbischen Bund. Am 15. Januar rückte Albrecht vor die Burg Ehrenfels. Acht Tage wehrte sich die Besatzung der Burg verbissen, die darauf hoffte, dass Bernhardin von Stauff mit Hilfstruppen des Schwäbischen Bundes erscheinen würde. Am 22. oder 23. Januar ergab sich die Burg, Sigmund von Sattelbogen und Stephan Mausheimer nebst 60 Fußknechten wurden gefangen genommen.

Kurfürst Philipp von der Pfalz war mit Albrechts Vorgehen einverstanden, Herzog Georg war es nicht. Außer den schon erwähnten 60 Reisigen schickte er

107 *Neunburg vorm Wald*

108 *Vgl. Würdinger: Kriegsgeschichte von Bayern, Franken, Pfalz und Schwaben, S. 157.*

109 *Es ist nicht mehr feststellbar, ob damit Wok von Rosenberg oder einer seiner Brüder gemeint ist.*

110 *Vgl. Historischer Verein für Oberpfalz und Regensburg (Hg.): Verhandlungen des Historischen Vereins für Oberpfalz und Regensburg, Band 10, Regensburg 1846, S. 10.*

111 *Nicht mehr genau datierbar ist ein Angriff Pfalzgraf Ottos auf Kötzting, dessen Leute bis zum Tor des Ortes vordringen konnten, bevor sie zurückgeschlagen wurden. Sie heilten sich an der Viehherde der Gemeinde gütlich, die sie forttrieben.*

112 *Heute ist der Ort als Stadtamhof ein Stadtteil Regensburgs.*

113 *Die malerisch über der Altmühl gelegene Burg kann dabei – nach allen archäologischen Befunden – nicht vollständig zerstört worden sein, trug eher geringere (oder keine) Schäden davon. Dafür spricht auch, dass um 1567 der „Prunner Codex", die älteste erhaltene Handschrift des Nibelungenliedes, hier gefunden wurde. Vgl.: Frese, Peter (u.a.): Alte Burgen, schöne Schlösser, Eine romantische Deutschlandreise, Stuttgart 1980, S. 252.*

114 *Vgl. Weithmann, Michael: Burgen und Schlösser in Niederbayern – Führer zu Burgen und Schlössern im Bayerwald, zwischen Donau, Isar und unterem Inntal, Straubing 2013, S. 97.*

115 *Der Hausrat der Ritter wurde der Legende nach auf zwölf schwerbeladenen Wagen nach Dietfurt gefahren und dort der Obhut der Bürger übergeben. Die Parsberger wurden gefesselt und an einen Pferdewagen gebunden. Sie mussten zu Fuß den Marsch in die Gefangenschaft nach München antreten, wo sie ein Jahr lang gefangen gehalten wurden.*

Eine Reitergruppe ist in ein Feldlager eingebrochen.
Die Männer tragen zu ihren Harnischen Schallern mit aufschlächtigen Visieren. Ihre Pferde sind hier weitestgehend ungepanzert und verfügen bestenfalls über eine stählerne Roßstirn. Die hohen Sättel und die Gebisse der Pferde sind für den Kriegsgebrauch der Zeit charakteristisch, ebenso die langen Radsporen an den Füßen der Reiter.
Foto: Christopher Retsch

keine weitere Hilfe.[116] Es mag sein, dass ihm Albrecht langsam zu mächtig wurde, vielleicht missbilligte er auch moralisch dessen Vorgehen gegen die Brüder Stauff, die ja immerhin von Kaiser Friedrich III. zu einem Vorgehen gegen Regensburg ermächtigt worden waren. Alle Rüstungen im Herzogtum Bayern-Landshut dienten nur dem Schutz *dieses* Herzogtums, an weitere Hilfen für Albrecht dachte Georg nicht. Er schwenkte langsam auf die Position des Kaisers ein.

Auf der anderen Seite hatten sich die Löwler in dem Böhmenkönig ziemlich verrechnet. Er hatte zwar in der Person des Heinrich III. von Plauen[117] und des Grafen von Hartenstein zwei Heerführer mit einigem Anhang geschickt, aber kein Heer. Darüber hinaus verbot er allen böhmischen Rittern, den Löwlern zu Hilfe zu kommen, bevor nicht ein böhmischer Landtag über diese Frage entschieden habe. Der war für den März 1492 angesetzt.

Nun begannen einige Mitglieder des Löwlerbundes, ihre Fühler zum Herzog Albrecht auszustrecken, um einen Ausgleich zu erreichen. Namentlich waren dies Paulus Leiblfinger, Erasmus Paulsdorfer und Christoph Rainer. Dann gelang es einigen am kaiserlichen Hof weilenden Löwlern, den Kaiser dazu zu bewegen, die Reichsacht gegen Herzog Albrecht (am 23. Januar) zu erlassen, denn der habe doch schließlich die mit der Reichsexekution gegen Regensburg beauftragten Stauffer mit Krieg überzogen. Zum obersten Feldhauptmann wurde Markgraf Friedrich von Brandenburg-Ansbach bestimmt.[118] Sein Auftrag war, Regensburg wieder unter die Hoheit des Reiches zu bringen. Auch an Herzog Christoph erging am gleichen Tag der kaiserliche Befehl, sich zum Krieg gegen seinen Bruder bereitzuhalten.[119] Der erste jedoch, der von der Ächtung Albrechts Gebrauch machte, war Herzog Wolfgang. Schon einige Zeit vorher hatte er

116 *Herzog Albrecht warf Georg daraufhin einen Bruch seiner Hilfszusagen vor. Vgl. Landois, Antonia: Gelehrtentum und Patrizierstand: Wirkungskreise des Nürnberger Humanisten Sixtus Tucher (1459–1507), Tübingen 2014, S. 136.*

117 *Er führte den Titel eines Burggrafen von Meißen.*

118 *Vgl. Pfann, Eduard: Zur Geschichte des Schwäbischen Bundes: von seiner Gründung, 1487, bis zum Tode Kaiser Friedrich´s III., 1493, 1861, S. 96.*

119 *Vgl. Hefner, Otto Titan von: Geschichte der Regierung Albrecht IV., Herzogs in Bayern, München 1852, S. 79.*

bei Türkheim 2.000 Mann zusammengezogen. Ende Januar überschritt er den Lech und raubte in einigen Dörfern. Von der Burg Lichtenberg aus übernahm er Raubüberfälle im Gerichtsbezirk Landsberg und plünderte auch Kirchen aus.[120] Die Klöster Raitenbach und Steingaden zwang er, ihre Gülten[121] an ihn zu bezahlen. Herzog Albrecht begab sich auf die Nachricht von Wolfgangs Einfall in seine Gebiete nach Fürstenfeldbruck. Von dort aus ging er an die Eroberung der beiden Burgen Wolfgangs. Greifenberg wurde am 13. Februar gestürmt, Hegnenberg am 15. Februar.[122] Herzog Wolfgang wandte sich nun an die Löwler, Heinrich von Plauen und den Schwäbischen Bund. Letzterer schickte 100 Reiter nach Merching, damit konnte man dann ein weiteres Vorrücken Albrechts aufhalten.

In Prag trafen sich im März die Räte des Königs von Böhmen, des Kurfürsten von der Pfalz und von Herzog Georg von Bayern-Landshut, um zwischen den Parteien zu vermitteln. Ein neues Treffen wurde für den 6. Mai anberaumt. Damit war klar, dass Böhmen zumindest bis dahin neutral bleiben würde. Ohne Aussicht auf kurzfristige böhmische Hilfe mussten sich die Löwler an den Schwäbischen Bund wenden. Markgraf Friedrich von Brandenburg stand hinter der Zusage des Schwäbischen Bundes, dass am 3. Mai dessen Heer über das Lechfeld gegen Albrecht ziehen würde. Durch diese Zusagen ermutigt schickten Georg und Hans Zenger Herzog Albrecht ihre Absagebriefe (also Fehdeerklärungen). Kaiser Friedrich III. beauftragte Wilhelm von Rappoltstein, mit einigen Reichstruppen die Westgrenze des Reiches gegen Frankreich zu sichern, während das Hauptheer zur Reichsexekution gegen Herzog Albrecht von Bayern ausziehen sollte. Ende April sammelten sich die Truppen des Schwäbischen Bundes unter Graf Eberhard von Württemberg bei Augsburg auf dem Lechfeld. Es waren 1.561 Reiter, 8.794 Fußknechte, 687 Wagen und 37 Geschütze.[123] Es trafen auch Kontingenten aus anderen Territorien ein, bald zählte das Heer 3.750 Reiter, 18.000 Fußknechte, 1.400 Wagen und 57 Geschütze. Eine großes Geschütz aus Ulm war dabei, es wog 70 Zentner.[124]

Man bestimmte eine Gruppe leichter Reiter, mit Nahrung für 14 Tage versehen vor dem Hauptheere herzuziehen und alle Wege, Brücken und Furten zu untersuchen.

Nun wurde es ernst für Herzog Albrecht, sehr ernst. Große Teile der wehrfähigen Bevölkerung bot er gegen die doppelte Bedrohung, die Löwler im Norden, das Reichsheer im Westen, auf. In weiser Voraussicht bestimmte er, die Landbevölkerung der am stärksten bedrohten Regionen habe sich mit ihrer Habe, vor allem mit dem Vieh, in Städte und Burgen zu flüchten.[125] Andernfalls solle sie auf das Gebiet des Herzogtums Bayern-Landshut flüchten.

Dort hielt Herzog Georg eine Truppe von 1.500 Reitern bereit, für alle Fälle. Mit 2.000 Reitern und 15.000 Fußknechten stellte sich Albrecht bei Landsberg auf.

Am 10. Mai brach das Reichsheer von Augsburg auf. Man defilierte in Dreierreihen an der Stadt vorbei. Bei Stadel stießen die Herzöge Christoph und Wolfgang mit 200 Reitern und etlichen Fußknechten dazu. Markgraf Friedrich ließ eine Brücke über den Lech schlagen und rückte gegen Kauferingen vor. Am 12. Mai wurde der Ort von den Memmingern und Biberachern gestürmt. Eine große Abteilung Reiter stieß in Richtung Stegen, am Nordufer des Ammersees gelegen, vor. Sie wurde aber von 500 kurpfälzischen Reisigen unter Georg von Rosenberg[126] zurückgeschlagen.

Albrecht erhielt wohl von Kurfürst Philipp dem Aufrichtigen, nicht aber von Herzog Georg oder Pfalzgraf Otto II. Unterstützung.[127] Er konnte von Glück reden, dass am 13. Mai im Lager des Markgrafen ein hoher Gast eintraf. Es war König Maximilian, der vermitteln wollte. Er bewog den Markgrafen, sich über den Lech zurückzuziehen. Mit Einwilligung des Kaisers wurde für den 19. Mai 1492 eine Versammlung nach Augsburg einberufen. Vertreter des Löwlerbundes dabei waren Ritter Zenger[128] und Ritter Johann Judmann von Arnbach.

Am 25. Mai kam in Augsburg dank der diplomatischen Bemühungen Maximilians ein Vergleich zustande: Albrecht verpflichtete sich, Regensburg herauszugeben, alle Abmachungen mit Erzherzog Siegmund von Tirol für nichtig zu erklären und den Löwlern alles zurückzugeben, was er ihnen abgenommen hatte. Außerdem sollte er allen seinen Vasallen, die zwischenzeitlich in den Schwäbischen Bund eingetreten waren, die eingezogenen Lehen wieder verleihen. Außerdem musste er den Erbverzicht seiner Gemahlin Kunigunde bestätigen. Dafür wurde ihm die Aufnahme in den Schwäbischen Bund in Aussicht gestellt.[129] Für den 25. Juli wurde ein großer Tag nach Nördlingen anberaumt, auf dem König Maximilian in der Sache Recht sprechen sollte.[130]

---

120 *Das geht aus einem Bericht des herzoglichen Pflegers von Landsberg, Jörg von Gumppenberg, hervor.*

121 *Das waren Grundrenten, die in der Form von Naturalien oder Geld an einen Grundherren zu bezahlen waren.*

122 *Vgl. Buchner, Andreas: Geschichte von Bayern, Sechstes Buch, München 1840, S. 467.*

123 *Vgl. Würdinger: Kriegsgeschichte von Bayern, Franken, Pfalz und Schwaben, S. 160.*

124 *Den Großteil des Reichsheeres stellten die Kontingente des Schwäbischen Bundes.*

125 *Herzog Albrecht wollte dem Feind keine Nahrungsmittel überlassen.*

126 *Dieses Adelsgeschlecht hat aber nichts mit den böhmischen Rosenbergern zu tun.*

127 *Philipp der Aufrichtige hielt in Heidelberg 11.000 Reiter zum Eingreifen bereit, wartete aber noch ab.*

128 *Es ist nicht ganz klar, welcher der Zenger das war. Vier aus dieser Adelsfamilie zählten zum Löwlerbund: Jobst Zenger zu Schneeberg, Jörg Zenger zu Schneeberg, Hans Zenger zu Trausnitz und Christoph Zenger zum Schwarzenberg.*

129 *Tatsächlich wurde er am 23. Juli 1492 in den Schwäbischen Bund aufgenommen. Vgl. Holleger, Manfred: Maximilian I. (1459–1519), Herrscher und Mensch einer Zeitenwende, Stuttgart 2005, S. 70.*

130 *Vgl. Klüpfel, Karl (Hg.): Urkunden zur Geschichte des Schwäbischen Bundes, 1488–1533, Erster Teil, Stuttgart 1846, S. 130.*

Selbst Burgen in schwer zugänglichen Höhenlagen hielten landesfürstlichen Heeren immer weniger stand.
Zeichnung: Sascha Lunyakov

Neben Flüssen dienen die Handelsstraßen stets auch der Heereslogistik.
Viele Bauern und Ackerbürger sind im Kriegsfall zur Stellung von Mannschaften und Zugtieren für Gespanne verpflichtet. Dies reicht von einfachen einachsigen Karren bis hin zu bewaffneten Kriegswagen für die städtischen Wagenburgen. Foto: Andreas Petitjean

Albrechts Sieg über die Löwler

Nicht einverstanden mit dem in Augsburg erzielten Ergebnis waren aber die Löwler. Sie erkannten den Schiedsspruch nicht an. Noch am selbigen Tage übersandten viele Mitglieder des Bundes, nun verstärkt durch einige böhmische Hauptleute, dem Straubinger Vizdom 93 Fehdebriefe.[131] Dann begannen sie wieder mit den Kampfhandlungen. Einige kleinere Orte konnten sie einnehmen, Viechtach wurde belagert. Hans V. von Degenberg nahm mit 400 Böhmen das Kloster Rinchnach[132] ein, auch verheerte er einige Dörfer und bedrohte den Marktflecken Regen.

Der Straubinger Vizdom Landschad sammelte an Truppen, was er finden konnte, schickte Entsatz nach Viechtach und belagerte selbst die nothaftische Burg Traubling. Die Löwler hatten 200 Reiter und 1.000 Fußknechte zusammengebracht. Sie zwangen die Orte im Bayerischen Wald zur Huldigung für die Herzöge Wolfgang und Christoph und erzwangen den Rückzug der schwachen herzoglichen Truppen.

Im Nordgau wurden nun 150 Reiter und 1.000 Fußknechte aufgeboten. Dazu kamen die Reiter und einige Geschütze des kurpfälzischen Vizdoms von Amberg, Michael Graf von Wertheim. Am 31. Mai rückte Burkhard von Knörringen mit den Geschützen und einem Teil der Kämpfer vor die Burg Falkenfels, die er nach heftiger Beschießung am 8. Juni einnehmen konnte. Hans von Stauff, Hermann Heideck sowie Hans und Wilhelm Paulsdorfer wurden gefangen.

König Maximilian befahl, Waffenstillstand zu halten, und dazu waren nun beide Seiten bereit. Der Tag[133] in Nördlingen im August und ein weiterer in Ulm im September beschäftigten sich mit der Regelung der zwischen Herzog Albrecht und den Löwlern bestehenden

131 *Balthasar Bertoldshofer war Gründungsmitglied des Löwenbundes. 1490 nahm der König von Böhmen seine Besitzung Fronhof für 15 Jahre in seinen Schutz, am 6. Mai 1492 traf Balthasar Bertoldshofer als Abgesandter des Löwlerbundes in Prag ein. Am 15. Mai 1492 sandte Balthasar dem Herzog von Bayern-München seinen Fehdebrief.*

132 *Schon 1488 hatten die Böhmen das Kloster niedergebrannt.*

133 *Im Sinne einer großen Verhandlungsrunde.*

Ein Büchsenmeister bereitet im Schutz von Sturmwänden und Schanzkörben den Abschuss einer Steinbüchse vor. Es handelt sich um ein einfaches, aber wirkungsvolles Geschütz ohne Lafette, das auf einem schlichten Balkenlager auf der Erde ruht.
Foto: Andreas Petitjean

Streitpunkte. Herzog Albrecht zeigte sich großzügiger, als man hätte erwarten können, ein weiterer Landtag wurde für den 23. April 1493 festgesetzt. Nur acht Löwler erschienen: Bernhardin und Hieronymus von Stauff, Erasmus Paulsdorfer, Sigmund von Sattelbogen[134], Jörg Paulsdorfer, Heinrich und Kaspar Nothaft, Jörg Parsberger und Albrecht von Murach. Erst am 7. August 1493 kamen die Verhandlungen zu einem Abschluss. Im wichtigsten Artikel wurde zugesichert, dass die gemeine Landesfreiheit in Kraft bleiben sollte. Damit hatten die Löwler im Prinzip das erreicht, was sie ursprünglich gefordert hatten.[135] Allerdings konnten sich einige der dem Löwlerbund angehörenden Adelsfamilien nie wieder von den erlittenen wirtschaftlichen Schäden erholen, der Herzog gab die gemachte Beute nicht heraus, der Wiederaufbau der zerstörten Burgen (wenn er denn überhaupt erfolgte) kostete die Burgherren enorme Summen. Argula von Grumbach[136] vermerkte Jahre später in einem Brief an Adam von Thering: *„Ir wist, das mein vater vnder den herren von Bayern verdorben vnd seyne kinder zu bettlern worden seyn.“*[137]

Albrecht konnte sich mit seinen Brüdern Wolfgang und Christoph vergleichen. Auf den Landtagen zu München im Herbst 1493 und zu Straubing am 14. Februar 1494 gelang es Albrecht, sich mit den Mitgliedern des Löwlerbundes vollkommen auszugleichen – die Macht des niederbayrischen Adels war jedoch gebrochen.[138] Vielen ehemaligen Löwlern blieb gar nichts anderes übrig, als sich in Dienstverhältnisse bei Herzog Albrecht zu begeben, weil die Einkünfte ihrer Ländereien nicht mehr ausreichten.

134 Der hatte die meisten Beschwerden vorzubringen und mit ihm wurde deshalb ein eigener Vergleich geschlossen.

135 Vgl. Silbernagl, Isidor: Albrecht IV., der Weise, Herzog von Bayern, und seine Regierung, München 1857, S. 45.

136 Sie war eine Tochter des Bernhardin von Stauff. Der starb 1509 zusammen mit seiner Ehefrau an der Pest.

137 Zitiert nach Matheson, Peter: Argula von Grumbach, Eine Biographie, Göttingen 2014, S. 19.

138 Vgl. Würdinger: Kriegsgeschichte von Bayern, Franken, Pfalz und Schwaben, S. 163.

Die Verwendung von schweren mauerbrechenden Büchsen bringt einen hohen Arbeits- und Logistikaufwand mit sich. Neben den Büchsenmeistern zur Bedienung sind weiterhin zahlreiche Handwerker wie Steinmetze, Zimmerleute, Schanzarbeiter und Fuhrknechte vonnöten, ebenso eine Vielzahl an Werkzeugen und Gerätschaften, angefangen von der Pulverschaufel bis hin zum Hebezeug, einer Art mobilem Kran.
Foto: Susanne Groß

Ein Büchsenschirm schützt die Büchsenstellung vor gegnerischem Beschuss. Dadurch wird ein ungestörtes und sicheres Arbeiten am Geschütz ermöglicht. Ist das Stück feuerbereit, lässt sich die starke Holzwand mittels Seilen nach oben schwenken und gibt das Schussfeld frei. Foto: Susanne Groß

Der Beschuss einer Burg ist eingeleitet. Die ersten Schüsse der Steinbüchse aus der Schanze gehen noch fehl, doch mit jedem Mal sitzen die Treffer besser. Zwar ist die Feuerrate verhältnismäßig niedrig, entsprechend eingeschossen vermögen es derartige Stücke jedoch, Mauern und Türme innerhalb weniger Tage ernsthaft zu beschädigen.
Foto: Susanne Groß

Herzog Wolfgang gab noch nicht ganz auf. Als er um Ostern 1494 mit König Maximilian bei Hohenschwangau und am Plansee auf Bären jagte, erhob er nämlich dann doch wieder Klagen gegen Albrecht und nach Christophs Tode verlangte er einen Anteil an dessen Erbe. Er wandte sich mit seinen Forderungen an den Landschaftsausschuss und sogar an den Schwäbischen Bund, ohne jedoch seinem Bruder Albrecht noch ernstliche Schwierigkeiten bereiten zu können.[139]

Herzog Albrecht IV. regierte nicht glanzvoll, aber effektiv. Der oberbayerische Herzog hatte – darin einigen italienischer Renaissancefürsten sehr ähnlich – sein Finanzwesen zur wichtigsten Grundlage seiner Herrschaft gemacht. Nun waren seine Einkünfte im Vergleich mit anderen Reichsfürsten beträchtlich, er verstand es aber auch, klug zu wirtschaften und unnötige Ausgaben zu vermeiden. Darin unterschied er sich von vielen seiner Zeitgenossen. Und die zogen allemal ritterliche Figuren wie Kurfürst Friedrich von der Pfalz oder den späteren Kaiser Maximilian einem Herzog vor, der nicht auf Turnieren glänzte, der nicht Ross und Lanze beherrschte, sondern Rechnungsbücher.[140] Herzog Albrecht wurde von den Zeitgenossen manchmal mit *scriptor* betitelt, was nur nach modernerer Auffassung ein Kompliment war. Die halsstarrigen Adligen des bayrischen Niederlands verbanden mit dem Begriff eher einen Bücherwurm.

Albrechts starrsinnige Haltung trug ihm sein Schwager Maximilian[141] später etwas nach, Maximilian erweckte den Anschein, als zöge er bei Hofe immer Herzog Georg von Bayern-Landshut vor. Auch schwenkte er im Landshuter Erbfolgekrieg 1503/04 erst nach einigem Zögern auf die Linie Albrechts ein, er begründet Gebietsforderungen unter anderem damit, der Streit Albrechts mit den „*Leblern*“ habe ihn (Maximilian) Ungarn und die Bretagne gekostet.[142]

Pfalzgraf Otto II. von Pfalz-Neumarkt-Mosbach spielte keine politische Rolle mehr. Da er kinderlos blieb, bemühte er sich schon frühzeitig um die Regelung seiner Nachfolge. 1479 hatten er und Kurfürst Philipp einen Erbvertrag, der die gegenseitige Erbfolge vorsah, geschlossen. Während diese Vereinbarung nur die Gebiete am Neckar betraf, hatte eine neuere von 1490 das gesamte Territorium Ottos II. zum Gegenstand. Darin wurde Kurfürst Philipp als Nachfolger eingesetzt. Im Gegenzug übernahm der Pfälzer Kurfürst alle Schulden des Pfalzgrafen. 1493 gab auch der Kaiser seine Zustimmung zu diesen Plänen. Pfalzgraf Otto widmete sich fürderhin mehr seinen astronomischen Studien.[143]

Kaiser Friedrich III. starb noch im Laufe des Jahres 1493. Seit Februar 1493 hatte sich Friedrichs Gesundheitszustand zunehmend verschlechtert. In der Fastenzeit des Jahres 1493 diagnostizierten Friedrichs Leibärzte beim Kaiser im linken Bein ein in der Forschungsliteratur meist als „*Altersbrand*“ bezeichnetes Symptom. Am 8. Juni 1493 wurde ihm unter Leitung des Wundarztes Hans Seyffin der Linzer Burg der von der Krankheit betroffene Bereich des Beines amputiert. Zwar überstand Friedrich den Eingriff zunächst gut, doch starb er dann am 19. August 1493 in Linz.

Bliebe noch Herzog Christoph der Starke. Kurfürst Friedrich von Sachsen bewog ihn zu einer Wallfahrt nach Jerusalem.[144] In Venedig machte Christoph sein Testament, worin er seinem Bruder Albrecht für den Fall, dass er nicht zurückkehren sollte, sein väterliches Erbe vermachte.[145] Auf dem Rückweg von den Heiligen Stätten erkrankte er schwer, er starb trotz der sorgfältigen Pflege, die ihm der Großmeister der Johanniter, Graf Rudolf von Werdenberg, angedeihen ließ, auf Rhodos am 15. (oder 8.?) August 1493 und wurde dort in der St. Antoniuskirche begraben.[146] Graf Rudolf von Werdenberg war der ältere Bruder der Gräfin Martha von Werdenberg. Und das war die Ehefrau des 1485 in der Fehde mit Christoph getöteten Niklas von Abensberg.[147]

139 *Herzog Wolfgang war Teilnehmer des großen Reiterangriffs in der Böhmenschlacht bei Wenzenbach (12. September 1504) im Landshuter Erbfolgekrieg. Auf dem Schlachtfeld empfing er nach errungenem Sieg den Ritterschlag von der Hand König Maximilians. Im Primogeniturgesetz vom 8. Juli 1506 verzichtete Herzog Wolfgang dann endgültig zugunsten Albrechts IV. und seiner Nachkommen auf das Herzogtum Bayern-München. Er war zwar Mitglied des Vormundschaftsrats (bestehend 1508 bis 1511) für seinen Neffen Wilhelm IV., er ließ sich bei den Sitzungen des Rates jedoch zumeist vertreten. Wolfgang starb am 24. Mai 1514 in Landsberg am Lech und wurde wie sein Vater im Kloster Andechs bestattet. Er hinterließ eine uneheliche Tochter.*

140 *Vgl. Kraus, Andreas: Geschichte Bayerns, Von den Anfängen bis zur Gegenwart, München 1983, S. 180.*

141 *Maximilian war nach der unter dubiosen Umständen zustande gekommenen Heirat Albrechts mit Kunigunde nicht so intransigent gewesen wie sein Vater Friedrich III.*

142 *Vgl. Holleger: Maximilian, S. 71.*

143 *Am 8. April 1499 starb Pfalzgraf Otto II. kinderlos im Pfalzgrafenschloss von Neumarkt.*

144 *Zunächst gehörten 104 Personen zur Reisegesellschaft, in Venedig stießen weitere hinzu, sodass es schließlich 189 Reiseteilnehmer waren. Vgl. Bünz, Enno und Herbers, Klaus (Hg.): Der Jakobuskult in Sachsen, Tübingen 2007, S. 183.*

145 *Vgl. Rall, Hans und Marga: Die Wittelsbacher, Von Otto I. bis Elisabeth I., Graz, Wien und Köln 1986, S. 107–108.*

146 *Vgl. Achnitz, Wolfgang (Hg.): Deutsches Literatur-Lexikon, Das Mittelalter, Band 3: Reiseberichte und Geschichtsdichtung, Berlin und Boston 2012, S. 1040.*

147 *Auf dem Weg nach Venedig war die Reisegesellschaft durch das Gebiet des Grafen von Görz gekommen. Christoph, der mit Graf Leonhard von Görz weitläufig versippt war, gab ihm sein bestes Pferd in Obhut. Herzog Christoph konnte oder wollte es nicht mit auf die Schiffsreise nehmen. Nachdem die Nachricht von seinem Tod auch nach Görz gedrungen war, bat Leonhards Neffe Gianfrancesco Gonzaga, Markgraf von Mantua, um das Pferd. Jener war der Sohn von Federico Gonzaga und Margarete von Bayern, einer älteren Schwester Herzog Christophs. Vgl. Leitner, Ulrich: Corpus Intra Muros: Eine Kulturgeschichte räumlich gebildeter Körper, Bielefeld 2017, S. 528.*
Herzog Christophs Schwert diente als Zeremonienschwert beim Ritterfest des Georgiritterordens. Er hatte es vermutlich von Beatrix von Ungarn, der Frau des Matthias Corvinus, erhalten. Das Schwert existiert noch und befindet sich in der Schatzkammer der Residenz München.

Fußknechte mit Hellebarden und ähnlichen Stangenwaffen,
Foto: Fred Wutz

Epilog

Man schrieb den 8. April 1516, Hieronymus von Stauff, vormals herzoglicher Rat, wurde in Ingolstadt zur Richtstätte auf dem Salzmarkt geführt, wo er durch das Schwert starb.

Weiland war es am 7. August 1493 unter Vermittlung von Landschaftsverordneten zur Versöhnung des Herzogs Albrecht IV. mit acht der mächtigsten Mitglieder des Löwlerbundes, darunter Bernhardin und Hieronymus von Stauff, gekommen. In der Folge wurden den Brüdern wichtige Ämter übertragen, und die hervorragenden Dienste, die sie darin leisteten, sprechen dafür, dass man von beiden Seiten den Schleier des Vergessens über alles Vorgefallene breitete. Hieronymus wurde nach Ende des Konflikts erneut Vizdom in Straubing und kämpfte im Landshuter Erbfolgekrieg für Herzog Albrecht IV. Er unterstützte den jungen Herzog Wilhelm IV., als der versuchte, sich der Mitregierung seines Bruders Ludwig zu entziehen.[148] 1514 versuchte Herzog Wilhelm, sich einer Mitregierung Ludwigs und seiner Abhängigkeit vom Regentschaftsrat zu entledigen, indem er von München nach Burghausen auswich. Dorthin folgte ihm Hieronymus, der sich damit das Misstrauen Herzog Ludwigs und der Landschaft zuzog. Im Frühjahr 1516 söhnten sich die herzoglichen Brüder jedoch aus. Sie einigten sich darauf, den einflussreichen Hieronymus von Stauff als angeblich Verantwortlichen für den Zwist zu bestrafen. Seinen Sturz als Hofmeister hatte die Herzoginnenmutter Kunigunde immer hartnäckiger betrieben.[149] In der Überlieferung wird als ursächlich dargestellt, dass man, als im Dezember 1515 der Landtag zu Landshut versammelt war, eines Tages an der Kirchentür von St. Martin einen Zettel angeschlagen fand, worin ein Ungenannter den Stauffer wegen ungesetzlicher Bereicherung heftig angriff. Am 1. April 1516 wurde Hieronymus in Ingolstadt verhaftet und angeklagt. In der Nacht darauf wurde der Stauffer in Gegenwart Herzog Wilhelms unter Anwendung der Folter – nach dem römischen Recht, das für Majestätsverbrecher keine Ausnahme bei der Anwendung dieses Beweismittels zuließ – dem Verhör unterworfen. Nach Aussage der Herzöge soll das peinliche Verhör in viermaligem Aufziehen ohne Gewichte bestanden haben. Die Anklageakte war von beiden Fürsten diktiert, der größere Teil der Anklagen ging wohl von Herzog Ludwig aus. Hieronymus von Stauff wurden ungesetzliche Bereicherung, Verleumdung, sogar Mordpläne gegen die Herzöge vorgeworfen – insgesamt waren es 13 Anklagepunkte. Das Geständnis des Delinquenten erfolgte unter der Folter. Das Todesurteil wurde der versammelten Landschaft vorgelegt. Die Rede Herzog Wilhelms ist überliefert: *„Lieben Getreuen! Nachdem wir euch kurz verschiener Täg angezeigt haben, wie mein Bruder und ich meinen Hofmeister den Stauffen aus merklichen und beweglichen Ursachen fänglichen annehmen lassen, auch daneben zugesagt, dass wir euch seine böse Misshandlung in kurzen Tagen fürtragen und eröffnen wollten, darauf sind wir itzt zu euch kommen, bemeldts Stauffers Verhandlung, die er dann an ziemlicher Frage in Beiwesen unser Gebrüder Räte bekennt und bestanden hat, die wollet hören verlesen und mich darnach weiter vernehmen.“*

Die Versammlung billigte das herzogliche Todesurteil. Hieronymus von Stauff wurde am Dienstag, den 8. April 1516 mit dem Schwert hingerichtet: „mehr ein Opfer des Neides und Hasses, als seiner erwiesenen Schuld“.[150]

Kriegsführung und Kriegswesen in der Zeit der Böckler- und Löwlerkriege

Im Böcklerkrieg beziehungsweise der Degenberger Fehde einerseits und im späteren Löwlerkrieg andererseits gab es keine großen Feldschlachten, dafür umso mehr Belagerungen. Der niederbayerische Raum, in dem die Ereignisse stattfanden, ist eine der burgenreichsten Regionen Deutschlands. Die Burgen der in den Adelsbünden vereinigten Ritterschaft fielen zumeist nach nur kurzer Belagerung durch das herzogliche Heer. Kirchenburgen spielten auch eine Rolle, 1472 setzten sich eine eingedrungene böhmische Söldnerschar in einem ummauerten Kirchhof bei Cham fest. Landwehren (in der Form von Hecken, Wällen, Palisaden oder Kombinationen davon) waren in Bayern auch anzutreffen, besonders im Grenzraum zu Böhmen. Das Gleiche galt auch für Warten.

Neben den Belagerungen bestanden die militärischen Aktionen häufig in Angriffen auf schlecht oder gar nicht verteidigte Dörfer, aus kleineren Reitergefechten oder Hinterhalten, wie sie für das Fehdewesen des ausgehenden Mittelalters typisch waren.

Man unterschied im Verständnis der Epoche zwischen der „kleinen Reiterei“, einer Fehde, und der „großen Reiterei“, dem Krieg. Viele in den zeitgenössischen Chroniken und auch von der Nachwelt als „Fehde“ bezeichneten militärischen Konflikte waren großangelegte militärische Kampagnen, die wenig mit lokal begrenzten Fehden zwischen einzelnen Adligen gemein hatten. Man denke an die „Soester Fehde“, die „Hildesheimer Stiftsfehde“. Bei der „Kölner Stiftsfehde“ wurde ja sogar ein Reichsheer zum Kampf gegen das Neuss belagernde Heer des Burgunderherzogs Karls des Kühnen aufgeboten.

Die sogenannte „kleine Reiterei“, das Fehdewesen, war bis zum Landfrieden von 1495 (und zum Teil darüber hinaus) weit verbreitet. Keiner der von der Nachwelt als „Raubritter“ titulierten raufllustigen Adligen hätte sich in eine Reihe mit gewöhnlichen Straßenräubern gestellt.[151] Das Fehdewesen war ein Adelsprivileg und solange man rechtzeitig einen sogenannten „Absagebrief“ schickte, war vom rein juristischen Standpunkt aus die Sache fast schon in Ordnung. Es mussten nur gewisse reichshoheitliche, kirchliche oder landeshoheitliche Einschränkungen beachtet werden. So hatte Kaiser Barbarossa dereinst

148 *Albrecht IV. hatte, um die Einheit des Herzogtums in Zukunft zu wahren, im Jahre 1506 das Primogeniturgesetz erlassen, wonach in Zukunft das Land unteilbar und der männliche Erstgeborene der zukünftige Erbe sein sollte. Mit dem Argument, noch vor der Neuregelung der Erbfolge geboren worden zu sein, drängte Albrechts zweiter Sohn Ludwig X. auf eine Beteiligung an der Regierung.*

149 *Vgl. Zschokke, Heinrich: Der Baierischen Geschichten Fünftes Buch, Aarau 1816, S. 14.*

150 *Zschokke, Heinrich: Der Baierischen Geschichten Fünftes Buch, S. 15.*

151 *Erst in der bürgerlichen Adelskritik des 18. Jahrhunderts tauchte dieser Terminus auf. Der Begriff „Raubschloss“ ist allerdings älter, er wurde schon im 16. Jahrhundert verwendet.*

das Fehdewesen auf die Zeit von Montag bis Mittwoch beschränkt. Die Fehde war als Rechtsinstrument im römisch-deutschen Reich nördlich der Alpen weit verbreitet. Die in spätmittelalterlichen Belehnungsurkunden immer wieder auftretende Formulierung, jemand dürfe sich im Falle von Rechtsverweigerung von der ihm verliehenen Burg aus „selbst helfen", belegt durchaus die Zulässigkeit dieser Form der Selbstjustiz. Der Absagebrief war das Instrument, mit dem der Fehdeführende dem Befehdeten bestimmte Dienstverhältnisse o.ä. aufsagte. Grund war eine Schädigung oder Kränkung (oft nur eingebildet), für die man nun sein Recht in der Selbsthilfe suchte. Zwischen der Fehdeansage und dem Beginn der Kampfhandlungen mussten drei Tage Zeit liegen.[152] Eine Fehde und die Anrufung der kaiserlichen Gerichtsbarkeit bzw. der landesherrlichen Gerichtsbarkeit schlossen sich einander keineswegs aus. Oft versuchten Klageführer, sich durch im Zuge einer Fehde eroberte Burgen etc. in eine bessere Verhandlungsposition zu setzen. In der aus dem Frühmittelalter stammenden Tradition konnten nur Freie eine Fehde ansagen und es war keineswegs nur der Niederadel, der dies tat. Auch Städte, selbst oft genug Ziel ritterlichen Fehdewesens, sagten Fehden an. *„Wettet biscop Dierich van Moerss, dat wy den vesten Junker Johann van Cleve lever hebbet, alss Juwe, unde wet Juwe hiemet abgesagt"*, mit diesen Worten begann die Absageerklärung der Stadt Soest an den Kölner Erzbischof Dietrich von Moers.

Solcherlei Fehden konnten sehr lange dauern, da der eigentliche Grund häufig wirtschaftliche Ursachen hatte. In den Städten versuchten Gilden und Zünfte, den Einfluss von Bürgerrecht besitzenden Adligen zu beschneiden. Erbuntertänige Bauern liefen ihren Grund- oder Leibherren weg und gingen in die Städte. Kaufleute waren oft eine zu verlockende Beute für unternehmungslustige Adlige. Wurde rechtzeitig eine Fehde angesagt, war das in den Augen der Zeitgenossen von ganz anderer Qualität als ein überraschender Angriff auf Nichtsahnende. Die ohne vorherige Warnung, also Übersendung eines Fehdebriefes agierenden Adligen nannte man „Plackerer". Städte hatten durchaus Mittel und Wege sich gegen allzu fehdefreudige Adlige zur Wehr zu setzen. Nicht unerwähnt bleiben darf, dass große zur Belagerung von Burgen geeignete Geschütze sich zumeist im Besitz der Städte befanden. So machte eine große Zahl elsässischer und schwäbischer Ritter die Bekanntschaft mit den Heeren der Reichsstadt Straßburg. Trotzdem waren gegen Städte gerichtete Fehden gerade im hoheitlich zersplitterten Schwaben oder Franken zahlreich. Einige dauerten besonders lange, etwa die des Bilgeri von Heudorf, der 1449 der Stadt Schaffhausen die Fehde ansagte, welche erst 1476 beigelegt werden konnte. Galt die Fehde einer Stadt, traf sie alle innerhalb ihrer Mauern lebenden Bewohner, egal ob mit oder ohne Bürgerrecht, sie traf auch alle im Dienst der Stadt stehenden Ritter. Galt die Fehde einem Ritter, so betraf sie auch seine Hausgenossen und alle von ihm abhängigen Dienstverpflichteten und Hörigen.[153]

Manche Landesherren versuchten, das Fehdewesen zu unterbinden, viele waren dazu nicht in der Lage oder gar nicht willens. Ein bemerkenswerter Fall ereignete sich im Kurfürstentum Pfalz. Eine Gruppe rauflustiger Ritter aus der Entourage des Kurfürsten Friedrich hatte diesen durch ihre Frechheit und Rohheit in Verlegenheit gebracht, indem sie am 26. Dezember 1459 drei Frankfurter Kaufleute bei Markgröningen, auf dem Gebiet des Grafen Eberhard von Württemberg-Urach (dem Neffen des Kurfürsten), entführt, auf die Wasgauer Burg Drachenfels gebracht und dort misshandelt hatten. Der Kurfürst, dem nichts ferner lag als ein Konflikt mit seinem Neffen Eberhard, hatte durch einen Brief an diesen zunächst den Verdacht auf einen berüchtigten „Raubritter" aus der Wetterau, Hanmann Waltmann, gelenkt. So konnte er zunächst seine Gefolgsleute, es waren Simon von Mühlhofen und Philipp Schnittlauch von Kestenburg, schützen.[154] Am Ende konnte er aber doch nicht verhindern, dass zwischen den Drachenfelser Ganerben Mühlhofen und Schnittlauch einerseits und dem Grafen von Württemberg-Urach andererseits eine Fehde ausbrach, die sich bis 1468 hinzog.[155] Lehnsherren hatten eine gewisse Verantwortung für fehdefreudige Vasallen, oft hielten sie ihre schützende Hand über sie.

Einige besonders rücksichtslose Gesellen fanden sogar den Eingang in die örtliche Folklore. Dazu zählte beispielsweise der berüchtigte Thomas von Absberg, der Nürnberg mit besonderer Hartnäckigkeit befehdete. Das war aber schon in den 1520er und 1530er Jahren, als das Fehdeverbot der Landfriedensordnung schon einige Jahrzehnte in Kraft war.[156] Vorher waren als Fehde deklarierte Raubzüge kein Makel, einige erfolgreiche Fehdeführer empfahlen sich zu höheren Kommandoposten, wie Hans von Rechberg, der eine Zeit lang Habsburger Feldhauptmann gewesen war.

Einzelne Ritter konnten mit ihren privaten Händeln ganze politische Lawinen auslösen. Aber sie wurden durch die wachsende Macht der Landesfürsten allmählich marginalisiert. Dass das bei bestimmten Zeitgenossen nicht der Fall war, sie sogar überregionales Aufsehen erregten, zeigt der Fall des berühmt-berüchtigten Hans von Trotha, genannt „Hans Trapp". Von seiner Burg Berwartstein befehdete er ab 1485 die Abtei Weißenburg. 1486 führte er dann aber als Marschall die kurpfälzischen Truppen bei der Belagerung der Burg Hohengeroldseck im Schwarzwald. 1497 trat er wieder als Befehlshaber der Kurpfälzer in Erscheinung, diesmal bei der Belagerung

152 *Manchmal wählte man nicht ausschließlich die Form eines Briefes, sondern symbolkräftige Handlungen wie das Anbringen eines blutbeschmierten Gegenstandes am Haus des Befehdeten. Vgl. Reinle, Christine: Bauernfehden – Studien zur Fehdeführung Nichtadliger im spätmittelalterlichen römisch-deutschen Reich, besonders in den bayrischen Herzogtümern; Stuttgart 2003, S. 256.*

153 *Vgl. Meyer, Werner und Lessing, Erich: Deutsche Ritter, Deutsche Burgen, Stuttgart 1976, S. 218–219.*

154 *Vgl. Andermann, Kurt: Der Überfall im württembergischen Geleit von Markgröningen 1459, in: Aus südwestdeutscher Geschichte, Stuttgart 1994, S. 283.*

155 *Vgl. Ollesch, Detlef und Seehase, Hagen: Kurfürst Friedrich der Siegreiche von der Pfalz, Petersberg 2013, S. 40.*

156 *Vgl. Oprotkowitz, Axel: Hans Thomas von Absberg – ein Raubritter von ganz besonderem „Schlag", in: Seehase, Hagen und Ollesch, Detlef (Hg.): Schräge Vögel der deutschen Geschichte, Rheinbach 2015, S. 39–52.*

von Boppard.[157] Zwischenzeitlich zum pfälzischen Hofmarschall befördert, rückte Kurfürst Philipp auch dann nicht von ihm ab, als dieser vor ein päpstliches Gericht geladen wurde (wo er nicht erschien) und König Maximilian sogar die Reichsacht über ihn verhängte (was ebenfalls folgenlos blieb).

Besonderen Schaden richteten Fehden an, wenn sich Ritter Ansprüche anderer annahmen (= aufkauften), um sie dann mit einer Fehde durchzusetzen. Götz von Berlichingen verfolgte dieses Geschäftsmodell einige Jahre.

1465 erhielt ein Müllers- oder Küfersknecht namens Hermann Klee von seinem Meister im elsässischen Mülhausen einen zu geringen Lohn, es fehlten sechs Baseler Pfennige („Sechs Plappert") an der vereinbarten Summe.[158] Er schickte der Stadt Mülhausen einen Absagebrief. Klee verkaufte dann seinen Anspruch an Peter von Regisheim, der der Stadt die Summe und weitere Auslagen in Rechnung stellte. Damit wurde aber aus dem lächerlichen Betrag eine ansehnliche Geldforderung. Daraus entwickelte sich der sogenannte „Sechsplappertkrieg" 1465/66, in den die Ritterschaft des Oberelsass, die elsässischen Reichsstädte, Kurpfalz und schließlich auch die Eidgenossenschaft hereingezogen wurden.

Das Mittel, eine Fehde zu beenden, war die Urfehde. Durch die Urfehde (Streiturfehde[159]) wurde eine bereits begonnene oder eine angedrohte Fehde mit einem Friedensschwur beendet, die Urfehde war damit ein integrierender Bestandteil des Fehdewesens. Mit dem schrittweisen Zurückdrängen dieses Fehdewesens im Spätmittelalter und der Durchsetzung landesherrlicher Gerichtsbarkeit verlor die Streiturfehde an Bedeutung und verschwand schließlich ganz.

Fehdeführung durch den Niederadel, aber auch von Fürsten und Städten war nicht nur im herrschaftlich zersplitterten Franken oder in Schwaben und der Oberpfalz, sondern auch in den bayerischen Herzogtümern bis ins 15. Jahrhundert hinein weit verbreitet. Der Löwlerkrieg war eine der letzten größeren Auseinandersetzungen in diesem Zusammenhang.

War es einem einzelnen Adligen nicht möglich, seine Ansprüche durchzusetzen, so suchte er oft Unterstützung bei einer Adelsgesellschaft. Kaiser Karl IV. hatte 1356 im Artikel 15 der Goldenen Bulle sowohl Städtebündnisse als auch Adelsgesellschaften ausdrücklich verboten. Im Jahre 1372 verbot er namentlich die *„Krone"*. König Wenzel verbot 1395 die „Schlegler". Unter dem Fehdevorwand betrieben die Schlegler hauptsächlich Straßenraub und Plünderei im Gebiet des Nordschwarzwalds und der Pfalz. Mit den Städten Speyer und Worms standen sie sogar in einem formellen Bündnis. König Sigismund dagegen legitimierte 1422 und 1431 die Gesellschaften und versuchte, sie in seine Landfriedenspolitik einzubinden. Kaiser Friedrich III. verbot zwar 1467 mit ausdrücklichem Verweis auf die Goldene Bulle das von Sigismund 1431 bestätigte *„Einhorn"*, aber er und sein Nachfolger Maximilian banden gerade den *„St. Georgenschild"* sehr aktiv in ihre Reichspolitik ein. Der St. Georgenschild vertrat das ritterliche Element beim Schwäbischen Bund.

Adelsburgen spielten eine beachtliche Rolle. Wurde eine Burg als Stützpunkt für militärische Aktionen benutzt, bildete sie einen wichtigen Mosaikstein im Machtgefüge. Wenn Aufständische, fehdende Ritterbünde oder auch nur einfache Räuberbanden sich irgendwie in den Besitz einer Burg setzen konnten oder wenn ihnen ein rachedürstender oder geldgieriger Burgherr freiwillig die Tore geöffnet hatte, wuchsen sie sich zu einem echten Problem aus, das galt umso mehr, wenn diese Burg von der Topografie begünstigt wurde. Allerdings reichte die Macht der Landesherren, um meist ziemlich schnell ein solches Raubnest einzunehmen. Ritterheere hatten ausgedient, wenngleich das auch viele Ritter nicht wahrhaben wollten. Die Rolle des Niederadels war im 15. Jahrhundert in einem Wandlungsprozess begriffen. Das hing damit zusammen, dass Grundbesitz- und Naturalwirtschaft zunehmend von Geldwirtschaft verdrängt wurden. Dienstverhältnisse wurden nicht mehr überwiegend durch Belehnungen oder Schenkungen mit Land entgolten, sondern durch Geld. Der gerüstete Ritter war nicht mehr das dominierende Element der Heeresordnung, und damit war auch seine gesellschaftliche Rolle in Frage gestellt. Ritterheere verloren ihre Dominanz, das hatte zwar schon der Sieg der Straßburger bei Hausbergen im Jahre 1262 gezeigt, aber richtig deutlich wurde das im 14. und 15. Jahrhundert. Das Fußvolk der Städte hatte eine reelle Siegeschance gegen die ritterlichen Aufgebote des Adels. Trotzdem war die Adelsreiterei, also die Ritter zu Pferde, noch ein wesentlicher Heeresbestandteil (abgesehen von den Schweizern, dort spielte die Reiterei keine besondere Rolle). Wenn ein politisch Verantwortlicher, etwa ein Reichsfürst, ein Landvogt etc. sich in dem beschriebenen Zeitraum nicht auf die politisch-strategische Regie beschränkte oder zumindest auf das militärisch-operative Kommandieren, sondern aktiv am Kampfgeschehen teilnahm (und hier stand die ritterliche Konvention bisweilen im krassen Gegensatz zu den militärischen Erfordernissen), dann in der ritterlichen Tradition als Ritter zu Pferde. Aber auch bei der Reiterei traten Veränderungen ein, die nicht nur technischer, sondern auch taktischer Natur waren. Bemerkenswert stabil war die Grundstruktur der Reiterei, hier unterschieden sich Frankreich, das Heilige Römische Reich (nördlich der Alpen) und Burgund sehr wenig, wenn es auch kleinere Abweichungen gab.

Die kleinste taktische Einheit war die „Lanze", manchmal auch „Glefe", manchmal auch „Spieß" genannt, sowohl Name als auch Struktur stammten noch aus der Zeit der hochmittelalterlichen Feudalheere. Kern und gleichzeitig militärischer Führer einer Lanze war im 15. Jahrhundert der Ritter oder Edelknecht, nennen wir ihn „Waffenträger". Erst später tauchte der Begriff „Kürisser" auf. Dieser Waffenträger besaß einen Harnisch und führte die Reiterlanze, entsprach also durchaus dem Klischeebild eines mittelalterlichen Ritters. Trotzdem musste er keineswegs bereits den Ritterschlag empfangen haben. Er führte zumeist ein Schwert zu anderthalb

157 Kurfürst Philipp half dem Erzbischof von Trier gegen gute Bezahlung und ohne sich um königliche Vermittlungsbemühungen zu kümmern, die Stadt Boppard zu erobern.

158 Vgl. Strobel. Adam Walther: Vaterländische Geschichte des Elsasses von der frühesten Zeit bis zur Revolution 1789, Band II, Straßburg 1851, S. 245–246.

159 Die Streiturfehde ist abzugrenzen von der Hafturfehde. Bei Letzterer musste ein freizulassender Häftling schwören, auf Rache zu verzichten.

Noch dominierten Ritterheere in vielen Regionen, doch das Zeitalter der Landsknechte zog herauf.
Zeichnung: Sascha Lunyakov

Hand und ein kürzeres Schwert beziehungsweise ein Hauschwert (etwa den „Malchus"). Weitere Waffen waren eventuell der Streitkolben, der Reiterhammer, der Morgenstern, die auch gegen geharnischte Gegner Wirkung zeigten. Zum Durchstechen der Schwachpunkte der Rüstung des Gegners war der Panzerstecher, ein langes, nur zum Stich geeignetes Schwert, vorgesehen.

Langes Schwert, geschmiedet von Stefan Roth, Foto: Stefan Roth

Zum Waffenträger gehörte sein Page, meist ebenfalls aus ritterlicher Familie. Er war weit mehr als ein „Offiziersbursche", denn er erlernte gleichzeitig das Kriegshandwerk. Dann kam ein Degenkämpfer (in Frankreich und Burgund *„coutilier"* oder *„coustillier"* genannt), ein auf Kosten des Lanzenführers ausgerüsteter Knappe, der ebenfalls einen Harnisch trug, mit einem Schwert oder Stoßdegen bewaffnet war und zumeist eine Stangenwaffe (wie die Ochsenzunge, die Mordaxt, den Ahlspieß[160] oder ähnliches) einsetzte.

160 *Der Ahlspieß mit seiner langen Spitze und einem Teller (Brechscheibe) zum Schutz der Hand ist für den Beginn des 15. Jahrhunderts in der Schweiz und in Burgund nachzuweisen und wurde vor allem von den hussitischen Fußtruppen verwendet. Auch bei den städtischen Truppen Wiens waren Ahlspieße schon in der ersten Hälfte des 15. Jahrhunderts in Gebrauch.*

Dazu traten drei berittene Bogen-, Armbrust- oder Feuerwaffenschützen und oft noch drei Krieger zu Fuß.[161]

Es ist klar, dass diese Formation nicht ausschließlich für Kavallerieangriffe mit eingelegter Lanze gedacht war, sondern auch zum Teil infanteristisch eingesetzt wurde und eine relativ große Defensivkraft aufwies. Besonders verbreitet war diese taktische Formation in Frankreich, Burgund und Flandern. Im Reich galt prinzipiell das Gleiche, allerdings war hier noch marginal der Einfluss der Ordensritter (also „echten" kasernierten Rittereinheiten) spürbar. Mehrere „Lanzen" bildeten ein „Banner", wobei aus der Anzahl der Lanzen nicht einfach eine Gesamtzahl hochgerechnet werden kann, denn häufig wurde eine Lanze von Freiwilligen diverser (auch zweifelhafter) Natur und Zahl begleitet. Als Kommandeur eines Banners trat der Bannerherr auf, der eigenartigerweise nicht immer ein Ritter sein musste. Mehrere „Banner" bildeten einen Schlachthaufen.

In Frankreich legte im Jahre 1445 König Charles VII. die „Volle Lanze" (auf französisch *„lance fournie"*) auf den Lanzenführer (meist Ritter), seinen Pagen, einen Coutilier, zwei berittene Bogenschützen und einen Knecht fest. Nach diesem Grundmuster waren die zwanzig Ordonnanzkompanien strukturiert, die aus jeweils einhundert Lanzen bestanden. Sie bildeten den Grundstock des neuen, professionellen Heeres in Frankreich. Es gab die „Kompanien der großen Ordonnanz", die bevorzugt wurden, höheres Ansehen genossen und in denen es höheren Sold gab. Die „Kompanien der kleinen Ordonnanz" waren geringer angesehen, aber in der taktischen Struktur gleich. Ihren Kampfwert bewiesen die berittenen Ordonnanzkompanien des französischen Königs in der Schlacht von Guinegatte (August 1479).

Das französische System wurde von dem Herzogtum Burgund kopiert und weiterentwickelt. Am 31. Dezember 1470 erließ Karl der Kühne ein Edikt zur Aufstellung eigener Ordonnanzkompanien. Kern sollten die Lanzenführer sein – wie in Frankreich Ritter oder Edelknechte. Traditionellerweise gab es drei soziale Stufen, diese galten noch für die Vorgänger von Karl dem Kühnen und auch für seine ersten Regierungsjahre. Zunächst waren da die *„chevaliers bannerets"*, was man etwa mit „Bannerherren" übersetzen könnte. Sie entstammten der Schicht wohlhabender und mächtiger Adelsfamilien und hatten das Recht, ein eigenes Banner (quadratisch oder rechteckig) zu führen. Darunter rangierten die *„chevaliers bacheliers"*, Männer aus niederem Adel. Sie durften einen gezackten Wimpel führen. Die dritte Gruppe waren die *„écuyers"*, sie kamen aus dem Landadel oder dem

161 *Vgl. Funcken, Fred und Liliane: Rüstungen und Kriegsgerät im Mittelalter, München 1979, S. 88.*

Fußknechte bei der Belagerung einer Burg. Der eine trägt eine einfache Stangenbüchse, der andere eine einschneidige Blankwaffe am Gürtel. Beide haben kleine Schilde – Tartschen oder Pavesen genannt – geschultert. Diese sind für das zu erwartende Handgemenge beim bevorstehenden Sturmangriff unverzichtbar. Foto: Andreas Petitjean

Nahkampf mit Stangenwaffen, Foto: Fred Wutz

städtischen Patriziat. Sie mussten wohlhabend genug sein, um die Ausrüstung für sich und die Männer ihrer „*lance*" bezahlen zu können. Ging das aus irgendwelchen Gründen nicht, verdingten sich „*écuyers*" häufig als „*coutiliers*". Aufstieg in der Hierarchie war auch möglich: ein „*chevalier bachelier*" konnte zum „*chevalier banneret*" befördert werden. Dann wurden zeremoniell die Zacken seines Wimpels abgeschnitten und er führte nun ein Banner. Besoldet wurden die Lanzenführer entsprechend ihres Rangs. Diese Dreiteilung hörte mit der Ordonnance d'Abbeville von 1471 auf. Alle Lanzenführer standen auf einer Stufe, alle bezogen den gleichen Sold. Während der ganzen Regierungszeit Karls des Kühnen kam die überwiegende Zahl der Lanzenführer aus dem eigentlichen Kerngebiet Burgunds und aus dem Artois (in den letzten Jahren nahm aber das italienische Element seiner Reiterei stark zu).[162] 1.000 von ihnen wollte der Herzog aufbieten, dann erhöhte er im Edikt von Abbéville vom 31. Juli 1471 die Zahl auf 1.200. Später vergrößerte er die Zahl noch weiter. Im Jahre 1473 setzte sich eine burgundische Ordonnanzkompanie aus 100 Lanzen mit je einem Lanzenführer, einem Pagen, einem „*coutilier*", drei berittenen Bogenschützen und drei Infanteristen zusammen (davon war je einer ein Pikenier, ein Armbrustschütze, ein Schütze mit einem Feuerrohr). Dazu kam noch ein Trompeter pro Kompanie. Eine Ordonnanzkompanie der Burgunder wurde von einem „*conducteur*" kommandiert. In Frankreich und vor Karl dem Kühnen auch in Burgund hieß eine entsprechende Position „*capitaine*". Eine Ordonnanzkompanie bestand bis Oktober 1473 aus zehn Abteilungen zu jeweils zehn Lanzen. Jede dieser Abteilungen wurde von einem „*dizenier*" kommandiert.[163] Der führte sechs Lanzen persönlich ins Feld, die anderen vier führte sein Stellvertreter, der „*chef de chambre*", an.[164] Diese Organisation wurde mit der „Ordonnance de St. Maximin de Trèves" im Oktober 1473 zugunsten einer Einteilung der Ordonnanzkompanie in vier Schwadronen aufgegeben. Jede dieser Schwadronen zu je 25 Lanzen wurde von einem „*chef d´escadre*" kommandiert. Sie setzte sich jeweils aus vier „*chambres*" zu je vier Lanzen zusammen.[165] König (und später Kaiser) Maximilian versuchte, eine am französisch/burgundischen Beispiel orientierte Heeresordnung – in Bezug auf die Reiterei – einzuführen. Aus verschiedenen Gründen (hauptsächlich aus Geldmangel) gelang

162 *74 Vgl. Michael, Nicholas und Embleton, Gerry: Armies of medieval Burgundy, 1364–1477, London 1983, S. 6.*

163 *Vgl. Heath: Armies of the middle ages, S. 41.*

164 *Beide Teileinheiten, die zu sechs Lanzen und die zu vier Lanzen, nannte man „chambre".*

165 *Vgl. Michael und Embleton: Armies of medieval Burgundy, S. 12–13.*

Bei diesen drei Kriegern sind die verschiedenartigen Helme bemerkenswert. Foto: Fred Wutz

dies nicht. Gegen Ende des 15. Jahrhunderts legte Maximilian, dem französischen Vorbild folgend, die infanteristisch-kavalleristische Teileinheit der „Lanze“ auf einen Kürisser, drei Wappner,[166] einen Büchsenschützen und zwei Halbspießern fest. Aber auch schon vorher hatten Landesherren vor allem im Westen des Reiches auf Burgund geschaut, aber auch ihnen hat es an Geldmitteln und Autorität gefehlt, etwas Vergleichbares auf dem Boden des römisch-deutschen Reiches einzuführen. Nur im Vergleich mit der im römisch-deutschen Reich bestehenden Heeresordnung (und in Wirklichkeit waren es verschiedene Heeresordnungen), kann man auf die Idee kommen, das burgundische oder französische Heer jener Zeit als „Stehendes Heer“ zu bezeichnen. Das waren sie nicht, sie hatten jedoch einen professionellen Kern. Das wurde auch andernorts versucht. In den bayerischen Herzogtümern tauchte in Laufe des 15. Jahrhunderts die Praxis der sogenannten „Aussöldner“ auf. Die Landesherren nahmen gegen Bezahlung erfahrene Ritter in ihre Dienste auf, die in Friedenszeiten durch Zahlung kleinerer Summen permanent an den Landesherren gebunden waren. Pro Reisigem erhielten sie zwischen zehn und 25 Gulden im Jahr.[167] In den zeitgenössischen Chroniken und auch in späteren Darstellungen taucht der Begriff „Reisiger“ vielfach auf, manchmal unklar und manchmal nicht in einem korrekten Zusammenhang. Der Terminus bedarf einer Erklärung. Ein Kriegszug im kaiserlichen oder landesherrlichen Dienst wurde als „Reise“ oder „Raise“ bezeichnet. Im engeren Sinne war damit der Reiterdienst („*equitatus*“) gemeint. Auf damit in Beziehung stehende Phänomene wurde der Begriff übertragen. Das „reisige Zeug“ war also die Reiterei, der „Reisige“ ein Ritter oder ein reitender Knecht.[168] Später erfuhr das Wort einen Bedeutungswandel: man unterschied zwischen der aus Rittern und Edelknechten gebildeten Adelsreiterei und anderen Reitern, *Reisigen* eben. Da aber diese nicht in voneinander getrennten Abteilungen auftraten, gerade im 15. Jahrhundert Ritter und Reisige gemeinsam schon in den kleinsten organisatorischen Einheiten auftraten, ist bei manchen alten Darstellungen kaum zu sagen, ob nun Ritter oder andere Reiter gemeint waren. Auch die Ritterheere älterer Zeit waren nicht so homogen, wie der Begriff nahe legt. Neben den Rittern gab es noch ritterbürtige und eben

166 *Da der Wappner in diesem Fall ein Pferd haben sollte, war der Begriff in diesem Zusammenhang wohl synonym zu Reisiger.*

167 *Vgl. Gravett, Christopher und McBride, Angus: German medieval armies 1300–1500, Oxford 1998, S. 22.*

168 *Vgl. Würdinger: Kriegsgeschichte von Bayern, Franken, Pfalz und Schwaben, S. 357.*

nicht ritterbürtige Knappen auch zur Zeit der alten (auf dem Lehnsrecht basierenden) feudalen Heeresordnung. Ein Lehnsherr wurde gebildet aus den Vasallen und den Lehnsmännern, die zugleich Ministerialen oder Amtsleute waren. Ein Vasall verlor rechtlich sein Lehen, wenn er der Aufforderung zum Kriegsdienst keine Folge leistete. Ein Vasall konnte zum Adel oder zum Klerus gehören, die Größe seines Beitrages zum Heer seines Lehnsherren hing vom Wert seines Lehens ab. Es reichte vom Minimum – dem Vasallen selbst plus zwei Bedienten – bis hin zu mehrere Hundert Mann umfassenden Kontingenten. Auch die Hörigen (manchmal „Lehnsbauern" genannt) mussten Beitrag zum Heereszug leisten, meist in der Form von Arbeitsdiensten und Verpflegung, manchmal auch in der Gestalt von persönlichem Waffendienst. Der Lehnsherr musste seinen Vasallen Verpflegung und Pferdefutter bereitstellen, Einbußen in der Form von Pferden oder Waffen ersetzen. Das konnte entfallen, wenn Beute oder Lösegeld für eingebrachte Gefangene den Wert des Verlustes überstiegen. Wenn ein Vasall Lehnsmann verschiedener Lehnsherren war, konnte diese Ordnung schon durcheinandergeraten. Die freien „Landsassen", also Adlige oder Prälaten, die Land als Eigengut besaßen, waren in Bayern mit ihren hörigen Bauern („Hintersassen") nur im Falle eines Angriffs auf das Land zur Heerfolge beim Landesherren verpflichtet, deshalb nannte man dieses Aufgebot auch „Landwehr". Bei Fehden ihres Landesfürsten musste sich dieser nach altem Rechtsbrauch ihrer Dienste durch Geldzahlungen etc. versichern. In der Praxis sah das anders aus, viele Landsassen hielten Eigengut und Lehen, häufig wurde die Landwehr auch zu landesherrlichen Fehden aufgeboten, das wurde dann zum Gewohnheitsrecht. Zur Landwehr hatten im 15. Jahrhundert in Bayern alle Ritter, Edelknechte und das gesamte Hofgesinde persönlich zu erscheinen.

Zu den eigentlichen Vasallen kam das eben erwähnte „Hofgesinde", alle fürstlichen Räte, Forstmeister, Rentmeister, Pfleger bis hinunter zu den Mautnern und Zöllnern. Mit der Übernahme eines Amtes war die Pflicht zum Heeresdienst verbunden. So wurde 1457 Konrad von Heideck Pfleger von Ingolstadt für ein Jahr. Er erhielt 300 Gulden dafür, musste sich aber verpflichten, in der Burg zu wohnen und mit acht Reisigen jederzeit zum Aufgebot einrücken zu können.[169] Zum Hofgesinde zählten auch die „Diener von Haus aus". Mit ihnen schloss der Fürst Verträge, die sie im Notfalle zur Unterstützung verpflichteten. Zu diesen „Dienern von Haus aus" zählte beispielsweise der böhmische Edelmann Stenko von Teniz, der im November 1491 verpflichtet wurde.[170] Er sollte in Kriegszeiten mit 32 Reitern und bis zu 600 Mann Fußvolk dem Herzog beistehen. Dafür bezog er schon in Friedenszeiten ein „Wartegeld" von 150 Gulden jährlich, im Einsatz bekam er wöchentlich ein Pfund Münchener Pfennige pro Reiter, einen Gulden pro Pavesner und einen halben Gulden pro Schützen.[171]

Die landesherrlichen Heere im Bayern des 15. Jahrhunderts waren aber noch wesentlich komplizierter aufgebaut. Zu den Vasallen mit ihrer dienstpflichtigen Mannschaft und dem Hofgesinde kam das Landvolk der den Kriegsschauplatz nahegelegenen Regionen. Die Städte stellten den besseren Teil des Fußvolks und den größten Teil der Artillerie, bisweilen kamen Truppen von Bundesgenossen hinzu, die unter eigenen Hauptleuten fochten. Und letztlich waren da die Soldtruppen. Die Nähe Bayerns zum damals wichtigen Söldnermarkt Böhmen führte dazu, dass bei den Söldnern eben die Böhmen dominierten, Schweizer traten gelegentlich aber auch auf.

Im Reich existierte die alte feudale Heeresordnung in einigen Regionen bis ins 14. Jahrhundert, das galt besonders für den Osten. Der Westen übernahm hingegen stärker das französische Vorbild. Die Elite der Reiterei wurde manchmal (wohl fälschlich) mit dem Begriff „Renner" bezeichnet, auch das ist ein Indiz dafür, dass sich militärische Funktion und sozialer Status der Ritter voneinander entfernten. Die „Glefe" oder „Lanze" war im Normalfall etwas kleiner als die französische *lance*. Neben dem Ritter war es ein geharnischter Degenkämpfer, vergleichbar dem Coutilier, ein leichter Kavallerist oder berittener Armbrustschütze, und der Page des Renners.[172] Das System variierte aber ganz erheblich. So zählten im Reich bis zu zehn Kämpfer zu einer Glefe, die Zahl lag aber meist darunter, manchmal waren es nur drei Krieger (so im Falle des Herrn Meinhardt „Meinecke" von Schierstädt aus Anhalt, der Kaiser Karl IV. im Jahre 1373 einhundert Glefen zuführte). In den Quellen tauchen die Ritter zumeist als „*milites*" auf, die Edelknechte als „*armiger*", die Reisigen oft als „*ecuyer*", manchmal auch als „Renner".

In der Theorie bildeten zehn Glefen eine von einem Hauptmann geführte Einheit, wieder zehn Hauptleute wurden von einem „obern Hauptmann" geführt, die ganze Reiterei von dem Marschall. Das Kommando über die Reiterei führte der Marschall. Das war in der Regel ein erbliches (und hoch angesehenes) Amt, das auch mit nicht unbeträchtlichen Einkünften verbunden war. Erbmarschälle des Reiches waren im untersuchten Zeitraum die Grafen von Pappenheim. Der Reichserbmarschall (*marschallus imperii*) hatte beträchtliche Kompetenzen, er führte nicht nur die Reiterei, für die Dauer des Krieges hatte er die oberste Gerichtsbarkeit im Heere. In den landesherrlichen Heeren war die Situation ähnlich, dem Marschall standen erhebliche Teile der Beute zu etc. Im bayerischen Raum war das Amt erblich. Das Marschallamt hatten in Niederbayern die Grafen von Ortenburg inne, im Straubinger Anteil die Nußberger.

Die im Reich verbreiteten Städtebünde heuerten Elitekavallerieverbände an, die sich bisweilen „Knechte der Freiheit" nannten.

Die reicheren Bürger größerer Städte dienten als Kavalleristen. Die Adelsreiterei (in Glefen organisiert) machte einen nicht unbeträchtlichen Anteil an der Kampfkraft der Reichsstädte aus, häufig ergänzten angeworbene Söldner[173] die Reiterei. Angehörige der

169 *Vgl. Würdinger: Kriegsgeschichte von Bayern, Franken, Pfalz und Schwaben, S. 301.*

170 *Vgl. Rudhart, Ignaz: Die Geschichte der Landstände in Bayern, Erster Band, Heidelberg 1816, S. 274.*

171 *Vgl. Mannert: Die Geschichte Bayerns, S. 496–497.*

172 *Vgl. Nicolle, David: Medieval Warfare Source Book, Warfare in Western Christendom, London 1999, S. 170.*

173 *Es sind Dokumente erhalten, die die Modalitäten eines solchen Soldvertrages erhellen. So erhielt ein Ritter (samt drei berittenen Knechten) in den Diensten der Stadt Straßburg in der Zeit Kaiser Karls IV. einen Monatssold von 30 rheinischen Gulden. Vgl. Ortenburg, Georg: Waffen der Landsknechte, 1500–1650, Augsburg 2002, S. 21.*

Schwergerüsteter Krieger mit einem sogenannten „Roßschinder“,
Foto: Fred Wutz

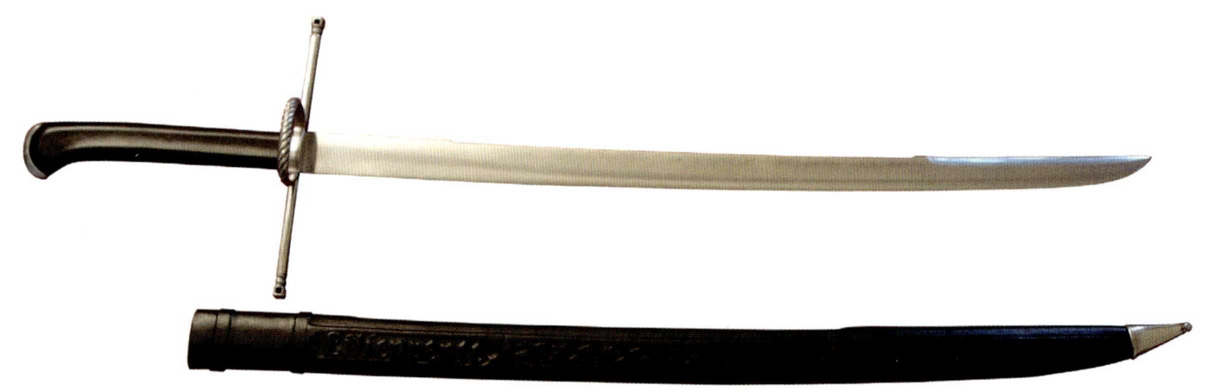

Langes Messer, geschmiedet von Stefan Roth. Die Waffe ist einer „Bauernwehr" verwandt. Foto: Stefan Roth

Adelsreiterei führten mehrere Pferde, auf dem Marsch ritt der Ritter ein leichtes Pferd (*palafredus*), erst kurz vor der Schlacht stieg er auf sein Schlachtross (*dextrarius*) um. Dieses musste stark genug sein, auch noch einen Rossharnisch zu tragen.

Die Rüstungen waren meist deutsche oder italienische Modelle, wobei die ersteren ihren Trägern durch kunstvoll überlappende Bauweise mehr Beweglichkeit ermöglichten als die starreren italienischen Modelle. Die berühmtesten Plattner (Rüstungsschmiede) nördlich der Alpen im beschriebenen Zeitraum waren Wilhelm Seussenhofer und Desiderius Kollmann, beide aus Augsburg. Ein guter maßgefertigter Harnisch für einen Krieger von einer Körpergröße von 1,60 Meter wog ca. 25 Kilogramm.[174] Ein Pferd ist in der Lage, ungefähr ein Viertel seines eigenen Gewichtes zu tragen. Ein Kavalleriepferd zu Anfang des 20. Jahrhunderts beispielsweise wog rund 450 Kilogramm. Bei der deutschen und bei der britischen Kavallerie zu Beginn des Ersten Weltkriegs betrug das Gewicht, das ein Kavalleriepferd zu tragen hatte, rund 125 Kilogramm oder etwas mehr. Nimmt man für Harnisch, Helm und Waffen rund 30 Kilogramm an, für Reiter und Sattel insgesamt 80 Kilogramm, so ergeben sich 110 Kilogramm, zu denen dann eventuell noch das Gewicht eines Rossharnisches kam.[175]

Die leichte Reiterei führte keine Rossharnische. Ihr kam eine Rolle bei der Aufklärung und der Verfolgung fliehender Gegner zu. Eine der Hauptaufgaben der leichten Reiter war das Plänkeln („Harzeliren") vor dem Zusammenstoß der schweren Reiterei. Von den berittenen Armbrustschützen[176] wurde deshalb erwartet, dass sie ihre Waffen abgesessen und auch aufgesessen einsetzen konnten. Deshalb konnte kein Spannmechanismus eingesetzt werden, der die Koordination von Händen und Füßen verlangte. Die Armbrüste der berittenen Armbrustschützen hatten in der Regel weniger Spannkraft (und damit Reichweite und Durchschlagskraft) als die der Armbrustschützen zu Fuß.

Ein berittener Krieger bekam um die Mitte des 15. Jahrhunderts einen wöchentlichen Sold von einem Rheinischen Gulden, Anfang des 16. Jahrhunderts waren es normalerweise zwei Rheinische Gulden, Fußsoldaten bekamen in der Regel die Hälfte.

Die Bezeichnungen für die Fußkrieger variieren in den Quellen sehr stark: „Trabanten", „Buben", „Pöck" oder „Pöcke"[177], später auch „Landsknechte"[178]. Michel Beheim beschrieb in seiner Reimchronik ein Ereignis, das sich am 4. August 1471 ereignete. Einer Kurpfälzer Streitmacht gelang die Einnahme von Lambsheim bei Frankenthal, in Strophe 1389 in Beheims Chronik heißt es, zu den Verteidigern Lambsheims gehörten 20 „Fußknecht derselben Land". Entweder bezieht sich das auf eine gleiche Herkunftsregion dieser Fußknechte und der Reisigen oder es ist tatsächlich eine der ersten Erwähnungen des Terminus „Landsknechte".

Nun, Landsknechte im Sinne des mit König/Kaiser Maximilian oder Georg von Frundsberg assoziierten Kriegertypus waren das noch nicht. Das Vorbild der Schweizer war in den ersten Jahren der Landsknechte für diese prägend.

Die Schweizer galten nicht erst seit den Burgunderkriegen (aber dann umso mehr) als die beste Infanterie Europas. Man muss unterscheiden zwischen den regulären Verbänden der Schweizer Orte (Kantone) und Freiwilligenhaufen, die sich oft ohne Bewilligung (oder sogar gegen deren ausdrücklichen Befehl) in den Dienst zahlungskräftiger Auftraggeber stellten. So bewiesen

174 *Vgl. Funcken, Fred und Liliane: Rüstungen und Kriegsgerät im Mittelalter, S. 138. Zu einer gotischen Rüstung gehörte häufig als Helm eine sogenannte „Schaller".*

175 *Vgl. Embleton, Gerry und Howe, John: Söldnerleben im Mittelalter, Stuttgart 1996, S. 41.*

176 *Im beschriebenen Zeitraum begannen die berittenen Feuerrohrschützen die Armbrustschützen zu ergänzen und zu verdrängen.*

177 *Die Bezeichnung „Pöcke" war besonders im Pfälzischen verbreitet. Neben den Schweizern galten die Fußknechte von Kurfürst Friedrich dem Siegreichen und seinem Nachfolger Philipp dem Aufrichtigen als das beste Fußvolk.*

178 *Der Begriff taucht in der Schreibweise „Landknechte" erstmals in der Chronik Preußens des Johann von Posilge Anfang des 15. Jahrhunderts auf.*

beispielsweise 334 kriegserfahrene Schweizer Reisläufer, angeheuert von Jörg Beck, am 17. März 1460 in der Schlacht am Buchenberg, dass selbst numerisch weit überlegene Truppen ihnen nicht gewachsen waren. Das Aufgebot des Fürstabtes von Kempten, Gerwig von Sulmetingen, bestehend aus rund 1.300 bis 1.400 Mann (überwiegend Bauern), wurde mühelos zersprengt.

Sogar im Kriegsfalle marschierten neben den Aufgeboten der Kantone[179] Freiwilligenhaufen unter eigenen Hauptleuten mit, die sich selber unterhalten mussten, aber die Gelegenheit nutzten, um Beute zu machen.[180] In den Burgunderkriegen zeigte sich die Schweizer Infanterie gründlich gewandelt und von ungeheurer Schlagkraft. Die taktische Formation war der 30 bis 50 Mann breite und ebenso tiefe Gewalthaufen. Die äußeren Glieder bestanden aus erfahrenen Leuten, die mit dem rund 5,5 bis 6 Meter langen Spieß[181] und dem halben Harnisch ausgestattet waren. In der Mitte der Formation standen die Leute mit Helmbarten (oder Hellebarden), anderen Stangenwaffen wie Roßschindern, Glefen, Voulgen, Guisarmen, Luzerner Hämmern oder ähnlichen.

Die Langspießträger stoppten feindliche Reiterei oder trieben feindliches Fußvolk zurück, dann brachen aus der Mitte des Gevierts die Hellebardenträger hervor und griffen ins Handgemenge ein. Um 1400 waren 80 Prozent des Schweizer Fußvolks mit der Hellebarde bewaffnet, bei Murten waren es noch 40 Prozent. Ein kräftiger Hieb mit dieser Waffe konnte sogar einen Plattenharnisch durchdringen.[182] Ebenfalls gefürchtet waren die Kämpfer mit dem Bidenhänderschwert. Das waren zumeist ausgesuchte Leute, die den Nachweis ihrer Fertigkeiten mit der Waffe bei einem Fechtmeister ablegen mussten. Sie erhielten doppelten Sold und waren häufig die Leibgarde eines Feldhauptmanns oder die Fahnenwache. Daneben waren Schweizerschwert und Schweizerdegen in Gebrauch, die sich durch Klingenlänge und –breite unterschieden.

Reiterei spielte bei den Schweizern keine große Rolle, nur Bern verfügte über ein „Rossbanner“ mit 100 gepanzerten Lanzenreitern und 200 berittenen Leichtbewaffneten.

Die von den Schweizer Fußsoldaten benutzten Fernwaffen waren die Armbrust und die Handfeuerwaffe, der Langbogen wurde nur selten verwendet. Um die Mitte des 15. Jahrhunderts betrug das Verhältnis von Armbrustschützen zu Feuerwaffenschützen 8:1, zur Zeit der Burgunderkriege war es nur noch 1:1. Mit Sicherheit waren in der Schlacht von Nancy (im Jahre 1477) 800 Schweizer Feuerwaffenschützen anwesend.

Zu dem militärischen Eindruck, den die Eidgenossen auf den Süden Deutschlands machten, gehörte auch die Teilnahme von Schweizer Söldnern an den militärischen Konflikten im süddeutschen Raum, beispielsweise an der Schlacht von Seckenheim 1462. Im Rahmen der in diesem Buch behandelten Thematik spielten die Schweizer auch eine Rolle. Herzog Wolfgang von Bayern war die Herrschaft Schwabegg zugesprochen worden. Deren Besitzergreifung gelang jedoch erst nach blutiger Fehde mit den Riedheimern, zu deren Durchfechtung sich Wolfgang eidgenössischer Söldner bediente und in deren Verlauf er die Burg Riedheim eroberte.

Es kann kaum verwundern, dass im oberdeutschen Raum Versuche unternommen wurden, ein dem Schweizer Fußvolk gleichwertiges Fußvolk zu schaffen. Es blieb allerdings bei dem Versuch, bis unter dem König (und späteren Kaiser) Maximilian die deutschen Landsknechte auftraten.[183]

Es gab um die Mitte des 15. Jahrhunderts nördlich von Hochrhein und Bodensee kleine Bünde von Fußkriegern, die sich nur zu gern bei räuberischen Adligen verdingten.[184] Militärisch waren sie nicht von Bedeutung, sie zeigten aber schon bündische Organisationsformen und Strukturen, die dann später bei den Landsknechten zu beobachten waren.

Eine 400 Mann starke Truppe Elsässer Fußvolks lief beim Feldzug zur Rückeroberung Lothringens gegen Herzog Karl den Kühnen 1476 direkt in einen burgundischen Angriff und wurde ohne Mühe zersprengt. Von anderem Kaliber waren da schon die flämischen Spießträger, die zuvor Heeresbestandteil der burgundischen Armee gewesen waren und nun auf der Seite Prinz Maximilians, des frischgebackenen Ehemanns der Maria von Burgund,[185] in den Kampf gegen Frankreich zogen. Maximilian konnte sich auf die Expertise zweier renommierter Heerführer[186] verlassen. Jacques de Romont, Graf von Savoyen, und Graf Engelbert von Nassau, welcher sich gerade erst mit 50.000 Gulden aus der Kriegsgefangenschaft der Stadt Straßburg freigekauft hatte, übernahmen das Kommando über zwei lanzenstarrende Infanteriehaufen, die flankiert von Reiterschwadronen den Franzosen in der Schlacht von Guinegate (am 14. August 1479) entgegentraten. Während die berittenen Ordonnanzkompanien der Franzosen ihre Widersacher in die Flucht schlugen, hielten die sogenannten „Gewalthaufen“ der Infanterie Maximilians ihre Positionen, rückten vor und behaupteten das Schlachtfeld. Danach fiel die Armee aber auseinander. Maximilian, der in der Schlacht von Guinegate in der Funktion eines Spießträgers mitgekämpft hatte (zu Fuß!) gefiel die Idee eines landsmannschaftlich homogenen, von hohen Idealen durchdrungenen und nach Schweizer Muster kämpfenden Fußvolks. Dieses musste aber erst noch geschaffen werden. 1486, in dem Jahr,

179 *Diese wurden untergliedert in den Auszug (er umfasste in der Regel die meist unverheirateten Männer zwischen 18 und 30 Jahren , die Landwehr (das waren dann etwas ältere) und den nur im äußersten Notfall aufgebotenen Landsturm. Vgl.: Miller, Douglas und Embleton, Gerry: The Swiss at war, 1300–1500, London 1979.*

180 *Vgl. Fiedler, Siegfried: Taktik und Strategie der Landsknechte, 1500–1650, Augsburg 2002, S. 30–31. Diese Freiwilligenverbände waren nicht vereidigt und erhielten keinen regulären Sold.*

181 *Der Langspieß, später Pike genannt, tauchte in größerem Umfang in den Appenzellerkriegen (1401 bis 1429) zuerst auf und kam wohl aus Italien.*

182 *Vgl. Ortenburg, Georg: Waffen der Landsknechte, 1500–1650, Augsburg 2002, S. 45.*

183 *Vgl. Kramer, Daniel Robert: Das Söldnerwesen, Militärisches Unternehmertum in der Genese des internationalen Systems, Wiesbaden 2010, S. 45.*

184 *1388 gab es in Schwaben einige Haufen freier Fußknechte, die sich den Städten als Söldner verdingten, ein solcher Haufen nannte sich „Freihart“.*

185 *Sie war die Erbtochter des Anfang 1477 in der Schlacht von Nancy gefallenen Burgunderherzogs Karl.*

186 *Beide hatten erst kurz vorher noch im Dienst von Herzog Karl dem Kühnen gestanden.*

Abschuss einer Stangenbüchse. Diese einfachen, aber effektiven Handfeuerwaffen gibt es schon seit dem 14. Jahrhundert. Ihre Handhabung ist schnell zu erlernen und die Kosten zur Anschaffung und zum Unterhalt sind im Vergleich zu einer Armbrust gering. Daher sind sie in großer Zahl in Zeughäusern und Rüstkammern vorhanden und finden noch bis zum Ende des 15. Jahrhunderts Verwendung.
Foto: Andreas Vollborn-Rahn

Leichtes Feldgeschütz beim Schuss, Foto: Anja Hiebinger

in dem Maximilian zum römischen König gewählt wurde, hatte er zwei solcher Verbände zusammen. Jeweils 3.000 bis 4.000 Mann stark und mit Langspießen bewaffnet, wurden sie von ihren Schweizer Instrukteuren zur Einsatzfähigkeit gebracht. Wie einige später aufgestellte Verbände kamen ihre Angehörigen aus Schwaben, dem Elsass und dem Rheinland sowie aus Tirol. Schon in den Burgunderkriegen hatten Kontingente aus diesen Regionen an der Seite der Eidgenossen gefochten. Anfang 1476 hatte beispielsweise Rottweil einige Dutzend Büchsenschützen Basel zu Hilfe geschickt, in der Schlacht von Grandson war ein 100 Mann starkes Kontingent aus Rottweil vertreten, bei der Schlacht von Murten waren es noch 50 Mann aus Rottweil. 60 Fußknechte aus Nördlingen kämpften in der Schlacht von Grandson an der Seite der Eidgenossen.

Schon das Jahr 1487 erlebte den Einsatz von Landsknechten in landesherrlichem Dienst, nämlich beim Sieg der Tiroler unter ihrem Feldherren Friedrich Kappler über die Venezianer bei Calliano.

In weitaus größerer Zahl traten 1490 Landsknechte beim Ungarnfeldzug des Kaisers auf.[187] Sie kämpften in diesem Krieg noch Seite an Seite mit Schweizer Reisläufern. Ein etwas späterer Chronist aus St. Gallen, Watt, berichtet: *„in disem zug sind bey den lanzknechten vil Eidgenossen und auch ettlich uss unser Stat S. Gallen gsin.“*[188] Die Landsknechte konnten zwar die zeitweise verlorenen Erblande zurückerobern, zogen aber nach der Eroberung Stuhlweißenburgs (wegen ausbleibender Soldzahlungen) wieder heimwärts. Auch weitere Einsätze im Namen des Reiches verliefen wenig verheißungsvoll: im Schweizerkrieg von 1499 zeigten sich die Schweizer und Graubündner Reisläufer den deutschen Landsknechten überlegen. Grund für die zum Teil sehr einseitig verlaufenden Kämpfe waren aber nicht zuletzt auch Führungsfehler auf der Seite des Reiches beziehungsweise des Schwäbischen Bundes, der die meisten Truppen aufbrachte.

Im Rahmen des Löwlerkrieges spielten Landsknechte nur auf der Seite des Schwäbischen Bundes ein Rolle (und auch keine überragende).

Wichtiger waren die Aufgebote der Städte.[189] Die Infanterie der Städte war nach Gilden und Zünften organisiert. Die Stadtmilizen waren nach den Vierteln geordnet, um Mauerabschnitte und Tore effektiv verteidigen zu können. Jedem Viertel stand ein vom Rat der Stadt ernannter Viertelmeister vor. Dieser Viertelmeister hatte manchmal auch zivile Aufgaben, wie die Feuerwehr und Marktaufsicht etc. Häufig war der Viertelmeister auch

187 *Vgl. Fiedler: Taktik und Strategie der Landsknechte, S. 59.*

188 *Zitiert nach Delbrück, Hans: Geschichte der Kriegskunst im Rahmen der politischen Geschichte, Band 4, Berlin 1920, S. 12.*

189 *Dazu konnten auch Söldner gehören, Augsburg unterhielt im Jahre 1449 1.200 besoldete Trabanten mit Feuerrohren oder Armbrusten. Vgl. Würdinger: Kriegsgeschichte von Bayern, Franken, Pfalz und Schwaben, S. 374.*

Bannerträger (im Sinne eines „Bannerherren"). Dann nannte man ihn im Südwesten (nach Schweizer Vorbild[190]) „Venner". Ihm zur Seite standen andere Offiziere, halbprofessionelle Torwächter, Trompeter und (ab dem Ende des 14. Jahrhunderts) ein Büchsenmeister. Selten wurde die ganze wehrfähige Mannschaft einer Stadt aufgeboten, das geschah eigentlich nur im Falle eines direkten Angriffs auf die Stadtmauern selber. Memmingen schickte beispielsweise ein Viertel der wehrfähigen Mannschaft zum Heerzug, in anderen Städten sah das ähnlich aus.[191] Die Auswahl der zu stellenden Mannschaft oblag den Städten und Märkten selbst, in den landesherrlichen Dörfern den Pflegern (oder Landrichtern), in einer Grundherrschaft dem Grundherren, der sich oft durch einen seiner Amtsleute vertreten ließ. Die Feststellung über die Wehrfähigkeit des einen oder anderen Dorfbewohners erfolgte auf einer Musterung, in Bayern oft „Harnischschau" genannt. Im Jahre 1480 meldete einmal der Pfleger von Wolfratshausen, er habe insgesamt 2.100 Mann, dafür zur Wehr tauglich 800. Die meisten davon besäßen aber nur Spieße, Helme, Hellebarden. Harnische habe er nur für rund 300 Leute. Er fragte also an, wie viele Leute er schicken solle. 300 Mann solle er in Marsch setzen, war die Antwort.

Eine auf Freibauern gestützte Wehrordnung[192] gab es im süddeutschen Raum nicht, eine kleine Ausnahme war aber der „Hauensteiner Landfahnen" aus dem Südschwarzwald. Allerdings soll diese Truppe relativ schlecht (nur mit Hellebarden) bewaffnet und gerüstet gewesen sein. Erst das „Tiroler Landlibell" vom 23. Juni 1511 schuf eine auf freie Bauern und Bürger gestützte Wehrverfassung und war einzigartig im ganzen Reich. Kaiser Maximilian legte im Einvernehmen mit den Tiroler Landständen fest, dass die Stände zur Verteidigung des Landes Kriegsdienste zu leisten hatten. Das Landlibell bildete einen Teil der Tiroler Landesverfassung. Bäuerliche Aufgebote waren nicht notwendigerweise nur mit umgearbeiteten landwirtschaftlichen Gerätschaften wie Hippen, Kriegssensen oder Kriegsflegeln bewaffnet. Allerdings war ihre Bewaffnung in der Regel älter und/oder schlechter als das von semiprofessionellen Söldnern. Wo der böhmische Einfluss stark war, fand man auch eine originär böhmische Waffe in größeren Mengen: den Dussack (oder Dussägge). Die Bezeichnung leitet sich von dem tschechischen Wort *tesák* ab. Das war keinesfalls (wie oft behauptet) eine für den Kriegseinsatz ungeeignete Waffe, die in Deutschland nur als Büttelwaffe oder in Fechtschulen ein Dasein fristete.[193] Bei bäuerlichen Aufgeboten war der Dussack vertreten, ebenso wie dort die „Bauernwehr" (oder „Hauswehr") verbreitet war. Das war eine typische Waffe des einfachen Volkes, die besonders im 15. und 16. Jahrhundert weit verbreitet war.

Beim Fußvolk waren in Bayern noch die Pavesner vertreten, Leute mit großen Setzschilden. Diese konnten vermittels Ketten miteinander verbunden werden, die Aufgabe oblag dem „Häckler". Auf dem Marsch wurden die unhandlichen Pavesen auf Wagen mitgeführt. 1491 bestimmte Herzog Albrecht IV., dass jeder zehnte Mann der Ausgehobenen ein Pavesner zu sein habe. Im Gefecht bildeten Pavesner mit Spießträgern (zumeist mit Ahlspieß bewaffnet) und Schützen eine Einheit. Die Schützen schossen aus dem Schutz der Pavesen, die Spießträger hielten den Feind auf Abstand und der Pavesner selbst kämpfte mit einem Schwert oder einer Streitaxt. Das zeigt ganz deutlich den böhmischen Einfluss.

Armbrustschütze (dargestellt vom Veldenzer Aufgebot), Foto Anja Hiebinger

190 *In Bern beispielsweise stellten die Zünfte der Bäcker, Schmiede, Gerber und Metzger die vier Venner der Stadt.*

191 *Während in anderen Städten dann oft das Los entschied, wurde in Memmingen gewürfelt, jeweils vier Leute würfelten den zum Heerzug Einzuberufenden aus.*

192 *In Friesland war die Situation anders, man denke an den Sieg des Dithmarscher Bauerheeres über das dänische Ritterheer bei Hemmingstedt im Jahre 1500.*

193 *Im letzten Viertel des 16. Jahrhunderts tauchte ein Griffwaffentyp mit einer kräftigen, säbelartigen Klinge auf, der mit einem Degengefäß ausgestattet in den zeitgenössischen Inventaren als „Dusägge" oder „Säbel auf Teutsch gefasst" aufgeführt wird. Das war eine Weiterentwicklung des eher kruden Dussacks.*

Ein kaiserlicher Reiter aus den habsburgischen Niederlanden.
Er trägt einen Feldharnisch auf der Höhe der Zeit und darüber das burgundische Andreaskreuz aus Stoff als Parteizeichen. Der hohe Sattel und die Reitweise mit gestreckten Beinen geben ihm einen festen Sitz für den Einsatz seiner Lanze. Darsteller: Arne Koets, Foto: Franziska Schatek

Kriegergruppe zieht am Waldrand heran. Foto: Fred Wutz

Eine typische Waffe für das Fußvolk war die Armbrust. Beim Adel war die Armbrust als Jagdwaffe beliebt, in den Städten, auf Burgen usw. war sie die Waffe der Wahl, um die Mauern zu sichern. Jeder Stadt und jedem Fürsten war daran gelegen, tüchtige Leute zur Fertigung dieser Waffen samt des Zubehörs zu gewinnen.[194] Auf Burgen oder in den Befestigungsanlagen der Städte wurden spezielle Spannvorrichtungen vorgehalten, mit denen es möglich war, Armbruste schnell zu spannen. Diese Vorrichtungen waren aber schwer und für den Bewegungskrieg weniger zu gebrauchen.

Auf 100 Meter und darunter war die Wirkung der Armbrust enorm, 1488 wurde Markgraf Albrecht von Baden mit einem Armbrustbolzen durch seine Rüstung in den Hals geschossen. Um das Jahr 1450 war die Armbrust noch eine geschätzte und weitverbreitete Waffe. Bei der Musterung des Aufgebots des Herzogs Ludwig von Pfalz-Zweibrücken-Veldenz aus dem Jahre 1453 waren nur zwei Leute mit Streitkolben bewaffnet, acht mit Streitäxten, 585 mit Spießen, 352 mit Handrohren (also Feuerwaffen), aber 1.016 mit Armbrüsten.[195] Dieses Aufgebot wurde im Elsaß bei einem Überfall auf die Stadt Mutzig eingesetzt. Die Bedeutung der Armbrust nahm aber in den nächsten Jahrzehnten ab. Das fränkische Kontingent unter Markgraf Albrecht Achilles von Brandenburg, das am Reichskrieg gegen Burgund 1474/75 teilnahm, bestand aus 600 Reitern und 3.000 Fußknechten. Von den letzteren hatten 40 Prozent Armbruste und Feuerwaffen, 20 Prozent Spieße und 40 Prozent Hellebarden oder ähnliches. 1492 waren im bayerischen Vizdomamt Straubing unter insgesamt 1.836 Aufgebotenen 551 Büchsenschützen, 950 Hellebardenträger, 144 Leute mit Ahlspießen und nur noch 191 Armbrustschützen. Diese Beispiele sind zwar recht willkürlich herausgegriffen, zeigen aber eine allgemeine Entwicklung. Der Preis einer Armbrust betrug in Augsburg im Jahre 1425 drei Gulden, im Jahre 1459 wurden in Ingolstadt 51 Armbruste mit 115 Gulden, zehn Armbrustwinden mit 14 Gulden, sieben Groschen bezahlt.[196] 1507 erließ König Maximilian[197] eine Order, wonach bei einem beabsichtigten Kriegszuge niemand mehr mit einer Armbrust, stattdessen alle Schützen mit Handbüchsen zu erscheinen hätten.

Die von 1450 bis 1500 verwendeten Handfeuerwaffen lassen sich in zwei Grundtypen einteilen: Feuerrohre und Luntenschlossmusketen. Bei der Verwendung beider Typen waren die Burgunder Vorreiter gewesen.

194 *Die Produzenten der Armbruste selbst nannte man „Armbruster“, die Bolzen wurden von den „Pfeilschnitzern“ gefertigt, die aus Pelzwerk bestehenden Köcher von den „Kurdaunern“.*

195 *Vgl. Würdinger: Kriegsgeschichte von Bayern, Franken, Pfalz und Schwaben, S. 77.*

196 *Vgl. ebd. S. 338.*

197 *Erst ab 1508 nannte sich Maximilian „Erwählter Römischer Kaiser“, ohne einen Romzug durchgeführt zu haben. Er hatte allerdings die Zustimmung des Papstes (Julius II.). Die Proklamation fand im Dom von Trient statt.*

Das Feuerrohr, ein Waffentyp, der durch die berühmte Tannenbergbüchse repräsentiert wird, bestand im Wesentlichen aus einem glattläufigen Rohr mit einem Zündloch an einem Ende. Das Material bestand aus Eisen, Bronze oder Kupferlegierungen. Das Kaliber lag meist zwischen 13 und 22 Millimetern (es gab aber auch monströse Exemplare mit einem Kaliber von bis zu 38 Millimetern), das Rohr maß nur wenige Kaliberlängen. Oft war am Ende des Rohres eine Stange angeschmiedet, die in einem Handgriff oder einem Knauf auslief; das Rohr konnte aber auch auf einen Holzschaft (meist in der primitiven Form eines runden Stabes) aufgesetzt sein. Da man zum Zünden der Pulverladung mit einer Hand einen glühenden Draht oder eine langsam brennende Lunte an das Zündloch halten musste, blieb zum Halten der Waffe nur eine Hand frei. Also wurde die Waffe zumeist auf eine Gabelstütze aufgelegt bzw. an einer Brüstung eingehakt, dafür war oft am Lauf ein Haken angeschmiedet, der auch den Rückstoß aufnahm (daher „Hakenbüchse"). Die Präzision dieser Feuerrohre war nicht groß, Zielen kaum möglich, von „Treffsicherheit" zu sprechen, verbietet sich in diesem Zusammenhang. Häufig wurden zur besseren Bedienbarkeit der Waffe zwei Schützen eingesetzt, einer hielt die Waffe, einer zündete sie. Trotz der mangelhaften Eigenpräzision blieben Feuerrohre noch in Gebrauch, als die Luntenschlossmuskete auftrat. Seit 1411 war in Italien das Luntenschloss bekannt. An einer S-förmigen Vorrichtung („Serpentine") hing eine Lunte, die vom Schützen durch Bewegung des anderen Endes der Serpentine auf eine Zündpfanne gedrückt wurde. Später bewegte sich die Serpentine durch Federdruck, wenn sie durch Betätigen eines Abzuges gelöst wurde. Dieses Verfahren bewirkte (zusammen mit besseren Pulversorten, die regelmäßiger abbrannten) eine sicherere Zündung und erhöhte die Präzision. Als Faustregel galt, dass das Gewicht der Pulverladung knapp halb so viel zu betragen habe wie das Gewicht der Bleikugel.[198]

Nicht selten wurden Läufe gebündelt und auf Karren montiert, das waren dann aber schon Artilleriewaffen, die von Zugtieren bewegt wurden. Diese sogenannten „Orgelgeschütze" konnten aber beispielsweise bei der Abwehr von Belagerungen eine sinnvolle Rolle spielen.

Der Langbogen wurde in der zweiten Hälfte des 15. Jahrhunderts recht häufig von den Armeen Karls des Kühnen von Burgund eingesetzt. Bei der Belagerung von Lützelstein 1452 wurde Kurfürst Friedrich der Siegreiche durch einen Pfeilschuss ins Bein verwundet, es ist aber nicht ganz klar, ob es sich dabei nicht auch um einen Armbrustbolzen gehandelt haben könnte. Das Gleiche gilt für den Tod des berühmt-berüchtigten Hans von Rechberg, der 1464 dem Pfeilschuss eines Bauern erlag.

Die Feldartillerie hatte im 15. Jahrhundert große Fortschritte gemacht. Obwohl das experimentierfreudige Zeitalter eine unüberschaubare Vielzahl an Geschütztypen hervorgebracht hatte, kam erst durch die Burgunderkriege eine gewisse Vereinheitlichung zustande. Burgund war führend bei der Artillerie, durch die Niederlagen Karls des Kühnen gerieten so viele Geschütze als Beute in die Hände der Schweizer und auch der Elsässer und Lothringer, dass die burgundischen Typen als Maß gelten konnten. Zu den am meisten verbreiteten Typen gehörten die *Couleuvrines* mit einem Kaliber von 75 bis 100 Millimetern, die *Serpentinen* mit einem Kaliber von 50 bis 150 Millimetern und die *Veuglaires* mit einem Kaliber von 50 bis 250 Millimetern. Vielfach waren die Geschütze als Hinterlader ausgeführt, sie besaßen eine Ladekammer (die einem großen Bierhumpen glich), die fertig geladen hinter dem Rohr verkeilt wurde. Damit war eine Schussfolge von zwei bis drei Schuss in der Minute möglich, allerdings ging beim Feuern ein großer Teil des Gasdrucks verloren.[199] Feldartillerie wurde im Stabringverfahren (weiter unten beschrieben) oder im Bronzegussverfahren hergestellt. Im Museum von La Neuveville werden Geschütze aus der Burgunderbeute aufbewahrt. Ein schmiedeeisernes Feldgeschütz hat bei einer Gesamtlänge von 3,60 Metern eine Rohrlänge von 1,58 Metern und ein Kaliber von 75 Millimetern. Es gehört zu den Serpentinen.[200] Die in den Aufzeichnungen häufig erwähnten „Tarrasbüchsen" sind kaum einzuordnen, fest steht aber, dass sie zu den leichteren Feldgeschützen zählten.

Für größere Geschütze konnte das damalige Verfahren des Bronzegusses aber nicht genügen, weil die relativ großen Pulverladungen einen zu hohen Druck im Rohr aufgebaut hätten, der zum Zerbersten des Rohres hätte führen können. Nur wenige Gießereien beherrschten das Verfahren des Bronzegusses schon gut genug, um sich an Geschütze größeren Kalibers zu wagen.[201] Es gibt aber im deutschen Raum einige Beispiele. So wurde 1406 in Speyer ein großes Geschütz gegossen, das 442 Gulden kostete. Die Bronzelegierung setzte sich aus 52 Zentnern und 65 Pfund Kupfer einerseits und drei Zentnern und 41 Pfund Zinn andererseits zusammen. Das Gussverfahren war schwierig und mit Risiken behaftet. Einschlüsse von Luft oder Verunreinigungen konnten zu Schwachstellen führen, das Bersten des Geschützes beim Abschuss Umstehende töten. Deshalb wurden große (Belagerungs-)Geschütze meist (man nannte sie auch „Hauptbüchsen" oder „Bombarden"[202]) als sogenannte „Stabringgeschütze" ausgeführt. Die Geschütze dieses Typs bestanden aus rechteckig oder trapezförmig geschmiedeten Eisenstäben (von hoher Materialqualität), die im Kreis gelegt wurden und auf die glühende eiserne Ringe aufgezogen wurden, die beim Erkalten die Eisenstäbe an ihrer Position hielten. Der Schmied erstellte einen Holzkern radial zur Rohrseele, um den er die Eisenstäbe anordnete, auf die dann die glühenden Ringe aufgezogen wurden (nicht unähnlich der Dauben- und Reifenbauweise bei Fässern). Im 15. Jahrhundert wurde eine Reihe großkalibriger Stabringgeschütze hergestellt: die Faule Magd (im Dresdener Militärmuseum erhalten), die Dulle Griet (in Gent erhalten) und die Mons Meg (steht auf Edinburgh Castle).

Die im Bronzegussverfahren hergestellten Geschütze „Faule Mette" von Braunschweig und „Faule Grete" von Marienburg waren noch größer als die eisernen Stabringgeschütze (sind aber leider nicht mehr erhalten). Verschossen wurden aus diesen Bombarden, sofern sie

198 *Und damit ist schon viel über die Gasdichtigkeit dieser frühen Handfeuerwaffen gesagt.*

199 *Embleton und Howe: Söldnerleben im Mittelalter, S.70–71.*

200 *Vgl. Reid, William: Buch der Waffen, Von der Steinzeit bis zur Gegenwart, Düsseldorf und Wien o.J., S. 79.*

201 *Und diese Gießereien lagen in Frankreich, in Burgund und in der Wallonie.*

202 *Solche Geschütze wurden ab 1370 hergestellt.*

1491 – Zur Kontrolle einer Handelsstraße wurde eine Feldbefestigung aufgeworfen und mit moderner Feldartillerie bestückt. Das hier zu sehende Kammergeschütz ist zum Schutz vor der schlechten Witterung mit einer abnehmbaren hölzernen Abdeckung versehen.
Foto: Christopher Retsch

im Stabringverfahren gefertigt wurden, neben „Hagel" (also schrotartigen Geschossen) ausschließlich steinerne Kugeln, weil der bei Eisenkugeln auftretende Gasdruck die Rohre unweigerlich gesprengt hätte. Steinerne Kugeln boten den Vorteil, dass sie beim Aufschlag auf hartem Untergrund zerplatzen und so eine große Splitterwirkung entfalten konnten. Für den Beschuss von Mauern wurden Steinkugeln (aus Sandstein) mit kreuzförmig aufgezogenen Eisenbändern verwendet. Die großen Belagerungsgeschütze waren fast ausschließlich Legstücke, das heißt, die Geschütze wurden auf speziellen Wagen transportiert, der Abschuss erfolgte aber von einer festen Bettung mit Balkenwiderlager aus. Diese großen Geschütze blieben lange im Inventar. Die Reimchronik von Konrad Pfettisheim aus dem Jahre 1477 berichtet vom Einsatz des „Strauß" aus Straßburg:

„Ein büchß von basel lag do vor
Vnd ketterlin von Enße,[203]
Der struß von straßburg snurte zwor
Vnd macht ein wüst getenße"

Noch Anfang des 18. Jahrhunderts stand ein als „Doppelkartaune" inventarisiertes großes Geschütz im Straßburger Zeughaus, eventuell der „Strauß". Zentren der deutschen Geschützherstellung waren Straßburg und (näher am Schauplatz des Böcklerkrieges) das oberpfälzische Amberg.

Zur Abdichtung der Pulverladung gegen die Steinkugeln wurden Holzscheiben aus Ulmenholz verwendet. In den 1470er Jahren wurden in Straßburg speziell auf den stadtseitigen freien Räumen hinter den Stadtmauern Lindenbäume angepflanzt, die zur Holzkohlegewinnung (für die Pulverherstellung) vorgesehen waren.[204] Eine bemerkenswerte Unterkategorie der Geschütze bildeten die sogenannten „Orgelgeschütze" (mehrläufige Salvengeschütze). Eine Burgfriedensvereinbarung zwischen den drei Besitzern der pfälzischen Burg Landeck aus dem Jahre 1456 zeigt, wie eine Burg bewaffnet war: die drei Besitzer hatten jeweils vorzuhalten: zwei Hakenbüchsen, 100 Kugeln, die entsprechende Pulvermenge, zwei Armbruste und 100 Pfeile (vermutlich Armbrustbolzen). Zwei Burgwächter wurden gemeinsam besoldet.

Bliden spielten bei der Belagerung von Burgen immer noch eine Rolle. Man konnte mit ihnen Aas, Fässer mit Jauche oder brennende Substanzen in eine Burg werfen, was mit Pulvergeschützen nicht möglich war. Für die Verwendung von Raketen im deutschen Raum findet man kaum Belege. Eventuell könnte bei der Belagerung Weißenburgs durch kurpfälzische Truppen eine Art kruder Raketen eingesetzt worden sein.[205]

Zur Bewegung größerer Geschütze, ob Pulvergeschütze oder Katapulte, waren Zugtiere, oft in größerer Zahl, vonnöten. Das konnten stärkere Pferderassen (nicht unähnlich unseren heutigen Kaltblütern) oder Ochsen sein. Ein Heer im ausgehenden 15. Jahrhundert wurde von einem ansehnlichen Tross begleitet, der eine Reihe von Zugtieren und einige Spezialisten (Handwerker) erforderte. 20 Pferde waren nötig, um die im Juni/Juli 1399 bei der Belagerung der Burg Tannenberg (an der Bergstraße) eingesetzte Steinbüchse „Frankfurter Geschütz" zu bewegen. 21 Tage lang beschoss dieses monströse Geschütz mit schweren Steinkugeln die Burg, bis eine Bresche in die fast drei Meter starke Ringmauer geschlagen war. Dabei wurden rund 400 Kilogramm Schwarzpulver verbraucht.[206]

Zurück zum Tross: um die Mitte des 15. Jahrhunderts wurde ein Heer von vielen Wagen begleitet, von denen ein großer Teil Proviant transportierte. Es gab aber auch Wagen, die zur Verteidigung einer Wagenburg dienten und Kombinationen von Proviant- und Kriegswagen. Letztere hatten unter dem Eindruck der Hussitenkriege weite Verbreitung im deutschsprachigen Raum gefunden. Die Wagenburg spielte auch in den Konflikten im norddeutschen Raum eine Rolle. Dass sie allerdings keine Garantie für den Sieg bot, zeigt die Niederlage des Einbecker Aufgebots gegen ein hessisch-welfisches Ritterheer in der Schlacht an Tackmanns Graben am 12. Mai 1479.

Der Umgang mit Waffen gehörte im Selbstverständnis vieler Bevölkerungsschichten ganz fraglos zur Alltagskultur. Im deutschsprachigen Raum traten um die Mitte des 15. Jahrhunderts Fechtschulen beziehungsweise fahrende Fechtmeister vermehrt auf.[207] Nürnberg hatte 1462 drei Fechtschulen („*scolae dimicantum*"). Herzog Ludwig der Reiche ließ durch Fechtmeister Paulus Kal eigens ein Fechtbuch anfertigen. Den größten Einfluss hatte Hans Talhoffer, dessen 1467 erstmals publiziertes Fechtbuch bis heute nachwirkt.

Erst nach der Mitte des 15. Jahrhunderts gibt es für den deutschen Raum Belege für eine geregelte Verwundetenversorgung, aber die blieb auch weiterhin rudimentär. Wundärzte fand man am häufigsten bei den Aufgeboten der Städte. Erkrankte ein Krieger auf dem Marsch, gab man ihn im nächsten Spital ab oder schickte ihn einfach zu seinen Verwandten nach Hause. Saumpferde mit Tragkörben wurden zum Transport Verwundeter verwendet, weniger spezielle Wagen. Weiter verbreitet als die Wundärzte waren die Feldgeistlichen. Jedes Kontingent hatte einen eigenen Kaplan, wöchentliche Beichte war die Norm, wenn es die Situation zuließ, gab es täglich Messe. Herzog Karl der Kühne hatte bei seinem mehrere zehntausend Mann umfassenden Belagerungsheer vor Neuss 400 Geistliche.

Feldzeichen – im Sinne von Erkennungszeichen – waren sehr wichtig, da in der Hitze des Gefechts Freund und Feind oft nicht genau zu unterscheiden waren. Manchmal waren es improvisierte Erkennungszeichen, wie die Eichenzweige, die sich das Gefolge Herzog Christophs vor dem Reitergefecht bei Weihenstephan 1485 an die Helme steckte. Oft waren es aber auch schon dauerhaftere Erkennungszeichen, wie beispielsweise das seit der Schlacht bei Laupen bezeugte Schweizerkreuz oder das seit 1429 gebräuchliche Andreaskreuz der Burgunder. Gerade das Andreaskreuz, das dann auch

203 *Gemeint ist Ensisheim im Oberelsass.*

204 *Krieg von Hochfelden, Georg Heinrich: Geschichte der Militär-Architektur in Deutschland, Stuttgart 1859, S. 270.*

205 *Vgl. Mone, F.J. (Hg.): Zeitschrift für die Geschichte des Oberrheins, Band 6, Karlsruhe 1855, S. 131.*

206 *Vgl. Lachmann u.a.: eyn rohr aus eisern stangen, Zur Geschichte des Stabringgeschützes „Faule Magd", Dresden o.J. S. 18.*

207 *Vgl. Hill, Jens und Freiberg, Jonas: Krieger, Waffen und Rüstungen im Mittelalter 800–1500, Herne 2013, S. 94.*

von den Habsburgermonarchien übernommen wurde, ließ sich durch leicht anzulegende gekreuzte Stoffstreifen darstellen.[208]

Kriegsgefangenen drohte ein hartes Los. Gefangenen Reisigen nahm man ihre Pferde, Rüstung und Waffen ab, dann ließ man sie auf Ehrenwort frei, bestimmte aber einen Ort, an dem sie später Lösegeld zu erbringen hatten. Ein gefangener Landesfürst war seinem Gegner haftbar für die zugefügten Kriegsschäden, deshalb war in einem solchen Falle das Lösegeld oft exorbitant hoch. Die anderen Gefangenen wurden nach ihrem Stand und den Verpflegungs- und Bewachungskosten, welche sie verursachten, geschätzt. Konnten die es nicht aufbringen, mussten sie sich, entweder nur persönlich oder zusammen mit einer festgesetzten Zahl berittener Knechte, an einem bestimmten Ort einfinden. Der Ort, an dem dieses „Einlager“ (*obstagium*) gehalten werden musste, war normalerweise ein Wirtshaus oder ein Rathaus auf dem Territorium des Siegers. Lösegeld, das bei Söldnern der Kriegsherr zu tragen hatte, konnte die Gefangenschaft ebenso beenden wie ein Friedensvertrag. Unedle wurden häufig ins Verließ geworfen. Wie das aussehen konnte, zeigt die Behandlung des Mülhauser Stadtschreiber Hans Schad. Er war 1444 oder 1445 in die Hände der durch das Elsass ziehenden Armagnaken gefallen. Die sperrten ihn ein, um von Mülhausen die Zahlung von 400 Gulden zu erzwingen. Hans Schad kam also in einen Turm. Dort lag ein Dutzend Gefangener im oberen Geschoss, ein halbes Dutzend im unteren. Die Notdurft mussten die Gefangenen der oberen Etage durch ein Loch in der Raummitte verrichten. Hans Schad sperrte man zu den bemitleidenswerten Gefangenen im unteren Geschoss.

Die Aufsicht über derartige Gefängnisse hatte der sogenannte „Stockmeister“.

Eine lobenswerte Ausnahme bei der beschriebenen brutalen Behandlung Gefangener von niederem Stand machte Herzog Ludwig der Reiche von Bayern-Landshut, der mehrfach gefangene Bauern einfach entließ. Überhaupt war die Lage der Bauern in den bayerischen Herzogtümern besser als in benachbarten – zumeist herrschaftlich stark zersplitterten – Regionen wie Schwaben, Franken oder Thüringen. Zur gleichen Zeit als etwa in Kempten die Fürstäbte die Bauern in ihrem Reichsstift auf den Status von Leibeigenen herabwürdigten, verbesserte sich die Lage der Bauern im oberbayerischen wie im niederbayerischen Herzogtum. In Kempten eskalierte 1491/92, also zur Zeit des Löwlerkrieges, die Unzufriedenheit der Bauern. Sie unternahmen einen großen Aufstand, der durch Truppen des Schwäbischen Bundes niedergeworfen wurde.[209]

208 *Daraus wurde im weiteren Verlauf die Feldschärpe, die als Erkennungszeichen oder auch als Rangabzeichen diente.*

209 *Im großen Bauernkrieg 1525 blieb Bayern verschont, Kempten hingegen nicht.*

Auch nach den Hussiten – Böhmische Söldner

Das Königreich Böhmen gehörte im ausgehenden Mittelalter zu den mächtigsten Territorialstaaten Mitteleuropas. Der böhmische König war Mitglied im Kurfürstenkolleg., mehrere böhmische Könige errangen auch die römisch-deutsche Königswürde. Einer, Karl IV. aus der Familie der Luxemburger, bestimmte rund vier Jahrzehnte die Geschicke des römisch-deutschen Reiches und wurde 1355 sogar römischer Kaiser.[210] Es war im eigentlichen Böhmen die tschechische Bevölkerungsgruppe zahlenmäßig am stärksten. Deutsche Siedlungen waren aber zahlreich, seit unter der Herrschaft der Přemysliden (tschechisch *Přemyslovci*) deutsche Bergmannssiedlungen und Kaufmannssiedlungen gegründet worden waren. Für die Entstehung der ersten großen Städte in Böhmen waren hauptsächlich deutsche Siedler verantwortlich. Sie stellten somit größtenteils die städtische Oberschicht, die Tschechen hingegen eher die Landbevölkerung. Zu den Ländern der böhmischen Krone gehörten aber neben dem eigentlichen Kernland Böhmen auch Mähren, und seit 1348 auch Schlesien, seit 1367 die Nieder- und seit 1329 die Oberlausitz.[211] Die nach dem Tode des Reformators Jan Hus 1415 ausbrechenden Hussitenkriege zogen in weitem Umkreis benachbarte Regionen in Mitleidenschaft. Triebfeder war neben dem religiösen Eifer der Hussiten auch ein erwachendes tschechisches Nationalbewusstsein. Erst der Sieg der gemäßigten Utraquisten über die radikalen Taboriten am 30. Mai 1434 in der Schlacht bei Lipany machte der Bedrohung durch die Hussiten ein Ende. Großer Gewinner der Hussitenkriege war der böhmische Adel – sowohl der hussitische als auch der katholische, beide Gruppen konnten einen großen Teil des Eigentums der Kirche (und auch des königlichen Kammergutes) in ihren Besitz bringen.[212] Aber auch nach dem Ende der Hussitenkriege brachten sich die Böhmen durch kriegerische Unternehmungen im bayerischen Raum in Erinnerung. Eine Streitmacht von Truppen aus Böhmen fiel 1462 in das Sechsämterland ein und richtete erhebliche Schäden durch Zerstörungen und Plünderungen an. Der Amtmann der Burg Thierstein, Friedrich von Dobeneck, zündete das am Fuße der Burg gelegene Dorf Thierstein an, um zu verhindern, dass sich gegnerische Truppen darin verschanzten. Noch im Frühjahr 1462 brannten böhmische Truppen Weißenstadt nieder. Am Katharinenberg bei Wunsiedel gelang es Jobst von Schirnding, die Böhmen nach ihrer erfolglosen sechswöchigen Belagerung der Stadt zurückzuschlagen. Die Abwehr der Böhmen glückte aber nicht aufgrund militärischer Stärke – die böhmischen Truppen waren weit überlegen – sondern aufgrund von internen Konflikten bei den Böhmen. Die böhmischen Söldnerverbände, welche im 15. Jahrhundert ihren Eindruck in der Militärgeschichte West- und Mitteleuropas hinterließen, waren direkte Nachfolger der religiös motivierten Hussitenheere.

210 *Vgl. Reinoß: Zeugen unserer Vergangenheit, S. 140*

211 *Auch die Grafschaft Glatz war seit 1348 ein Nebenland der böhmischen Krone.*

212 *Vgl. Tresp, Uwe: Söldner aus Böhmen, Im Dienst deutscher Fürsten: Kriegsgeschäft und Heeresorganisation im 15. Jahrhundert, Paderborn 2004, S. 35.*

Wichtiger Faktor bei den Feldzügen war die Versorgung des Heeres, Foto: Fred Wutz

Hauptgegner dieser Hussiten waren zunächst deutsche und böhmische Ritterheere gewesen. Das ließ die Hussiten notgedrungen defensive Taktiken entwickeln, die zusammen mit straff organisiertem und vergleichsweise gut ausgebildetem Fußvolk die militärischen Erfolge der Hussitenheere in der ersten Hälfte des 15. Jahrhunderts ermöglichten. Dabei spielten die Feldheere der Taboriten – eines Flügels der Hussiten – und die sogenannten „Waisen" des charismatischen Feldherrn Jan Žižka von Trocnov (um 1360–1424) die entscheidende Rolle.

Die Kriegführung der Hussiten wies einige besondere Grundzüge auf, die eine eingehendere Betrachtung verdienen. Charakteristisch waren die Wagenburgen, die aus Transportwagen und gepanzerten Kampfwagen mit montierten Geschützen bestanden. Für die Hussiten ebenfalls charakteristisch waren die häufig verwendeten großen Setzschilde („Pavesen" oder „Setztartschen"), die sowohl die Lücken zwischen den Wagen einer Wagenburg verschlossen als auch außerhalb der Wagenburg zum Schutz der Fußknechte verwendet werden konnten. Die kompromisslosen religiösen Überzeugungen der Hussiten fanden ihren Niederschlag in der Kriegsordnung des Jan Žižka, in der eine straffe Disziplin und harte Strafen festgelegt waren. Damit wurden die Hussitenheere zu einem zuverlässigen Instrument in den Händen ihrer Feldherren – was man von vielen zeitgenössischen Ritterheeren nicht behaupten kann.

Die Hussiten blieben nicht nur innerhalb der Grenzen Böhmens siegreich, sondern errangen auch auf dem Gebiet benachbarter Fürstentümer große militärische Erfolge. Sie erwarben sich dadurch den Ruf gefürchteter Krieger. Dieses Renommee hatte auch dann noch Bestand, nachdem die Feldheere der radikalen durch die der gemäßigten Hussiten besiegt worden waren. Deutsche Fürsten versuchten, die Taktiken der Hussiten zu kopieren, so wurde die Wagenburg Bestandteil des deutschen Kriegswesens in der Mitte des 15. Jahrhunderts. Über die Ausstattung solcher Wagen geben zwei Handbücher Auskunft, das erste stammt aus der Zeit der Hussitenkriege um 1425, das zweite vom Markgrafen Albrecht Achilles von Ansbach und Kulmbach (um 1460). In dem ersten Werk wird u.a. ein Kriegswagen beschrieben: er solle fünfspännig sein und eine Besatzung von 21 (!) Mann haben. Darunter waren fünf Reiter (mit Harnisch) für die Zugpferde, vier Büchsenschützen, vier Armbrustschützen, Spezialisten wie Schmied, Wagner usw. Fünf solcher Wagen bildeten ein Glied, fünf Glieder einen Bund, vier Bünde dann eine Schickung (das heißt hundert Streitwagen).

Hellebardiere bei winterlichen Waffenübungen.
Offene Helme wie die variantenreichen Eisenhüte und Hirnhauben werden von Fußknechten bevorzugt verwendet, da sie Sicht, Atmung und Gehör wenig einschränken. Foto: Fred Wutz

Zu jeder Schickung gehörten auch einhundert Proviantwagen („Speiswagen"). Mit den auf den Kriegswagen mitgeführten Ketten und kurzen Palisaden ließ sich eine gut befestigte Wagenburg errichten. Da einige Wagen Geschütze kleineren Kalibers mitführten, zum Teil auf Zapfenlafetten drehbar gelagert,[213] war die Abwehrkraft einer Wagenburg beträchtlich. Die Hussiten hatten in der Schlacht von Tachau[214] beispielsweise 3.600 Wagen zu einer riesigen Wagenburg aufgefahren.

Nicht wenige deutsche Fürsten und Reichsstädte gingen sogar soweit, hussitische Soldkrieger anzuwerben. Denn aus den Gottesstreitern waren unzweifelhaft Söldner geworden. Böhmen wurde unter seinem König Georg Podiebrad[215] ein Hauptsöldnermarkt. Angeworben wurden dort sowohl Fußknechte („Trabanten") als auch schwerbewaffnete Reiter und leichte Reiterei, vor allem berittene Armbrustschützen. Süddeutsche Fürstentümer und Städte, Ungarn, der Deutschordensstaat, sie alle verpflichteten böhmische Söldner. Auch in regional begrenzten Adelsfehden wurden Söldner aus Böhmen unter Vertrag genommen. Und sogar in Regionen, die nicht an Böhmen grenzten, zum Teil sogar weit davon entfernt lagen, waren böhmische Söldner gefragt. Ein Beispiel dafür ist die „Soester Fehde", die im Jahre 1444 begann. Mit rund 15.000 Mann belagerte der Kölner Erzbischof Dietrich von Moers im Sommer 1447 erfolglos erst Lippstadt, dann Paderborn. Ein großer Teil seines Heeres bestand aus thüringischen und aus böhmischen Kontingenten (insgesamt wohl 12.000 Mann), die unter dem Oberbefehl des Herzogs Wilhelm von Sachsen standen. Beim An- und Rückmarsch hinterließen die böhmischen Söldner große Verwüstungen. In den lokalen Überlieferungen im Hochstift Paderborn werden ihnen irrtümlich sogar Zerstörungen zugeschrieben, die nachweislich *vor* der Soester Fehde passiert sein müssen.

Im sogenannten „Hessischen Bruderkrieg"[216] von 1469 verschafften die böhmischen Söldner Landgraf Ludwig II. entscheidende militärische Vorteile.

Reich für seine Dienste entlohnt wurde der böhmische Söldnerführer Jan Holupp. Am 10. Februar 1459 trat er in die Dienste von Herzog Ludwig IX. dem Reichen von Bayern-Landshut. Im gleichen Jahr noch wurde ihm Mattighofen[217] geschenkt, dazu erhielt er 300 Gulden jährlich. Dafür musste er bereitstehen, um im Kriegsfall als Feldhauptmann auszurücken. Für sein

213 *Ähnlich den Drehbassen auf Kriegsschiffen.*

214 *Auch Schlacht bei Mies genannt, am 4. August 1427.*

215 *Er regierte von 1458 bis 1471.*

216 *Das war der Höhepunkt der Auseinandersetzung zwischen den Brüdern Landgraf Ludwig II. von Niederhessen und Heinrich III. von Oberhessen um das väterliche Erbe.*

217 *Mattighofen liegt heute in Österreich.*

neues Besitztum musste er fünf Reisige stellen, deren Verpflegung übernahm aber der Herzog. Später erhielt er noch Burg und Pflegamt von Friedburg, auch ein Haus in Landshut wurde ihm geschenkt. Am 19. Juli 1462 besiegte Herzog Ludwig mit seinem Heer in der Schlacht bei Giengen das Heer des Markgrafen Albrecht Achilles von Ansbach und Kulmbach. Dabei standen viele böhmische Söldner unter Jan (Johann) Holupp in Herzog Ludwigs Heer. 1468 erscheint Holupp in den Urkunden letztmalig im bayerischen Kriegsdienst, er kommandierte die herzoglichen Truppen vor der Burg Altnußberg.[218]

Tschechische Adlige wurden auch mit Land belehnt, wie Přibik von Klenau, der 1451 den sogenannten „Winkel" bei Eschlkam erhielt.

Auch Herzog Siegmund der Münzreiche von Tirol warb böhmische Söldner an, die das im Sommer 1468 von den Schweizern belagerte Waldshut entsetzen sollten, allerdings blieb der Verband im Hochschwarzwald stehen und griff nicht in die Kämpfe ein.

Die Trabanten aus Böhmen wurden als durchaus nachahmenswertes Modell betrachtet. Herzog Ludwig IX. der Reiche führte im Jahre 1467 deutsche Fußknechte, die man als Trabanten bezeichnete, nach Tirol. Diese Kämpfer hatte man in Niederbayern, der Oberpfalz und Franken angeworben, in Organisationsstruktur und Ausrüstung ähnelten sie sehr dem böhmischen Vorbild.

In den zeitgenössischen Quellen wurden die Reiter als „Reisige", die Kriegsknechte zu Fuß als „Fußknechte" oder einfach „Knechte" bezeichnet. Es wird auch der aus dem Tschechischen stammende Begriff „Trabanten" (von *drab* = Fußknecht) gebraucht, doch nahm der Begriff Trabant bei den Landsknechten die Bedeutung „Leibwächter eines Anführers" an.

Typisch für die böhmischen Söldner dieser Epoche war die häufig fehlende Schutzpanzerung. Nicht alle trugen Helme und Brustharnische, gelegentlich Lederkoller. Hauptwaffe war die Armbrust, dazu Messer, Schwert oder der säbelähnliche Dussak und das Wurfbeil. Daneben traten Stangenwaffen auf wie der Ahlspieß (tschechisch *-ídlo),* der Kriegsflegel (*cepy*) und die *sudlice* als böhmische Form der Hellebarde. Wenig verbreitet waren Handbüchsen, allerdings wurden leichte Geschütze zur Bewaffnung der Kriegswagen verbreitet eingesetzt.

Standardmäßig mit Brustharnisch und Eisenhut oder einer Beckenhaube (*lebka*) ausgestattet war der Pavesner, der Träger eines großen Schildes. Er wurde von einem Pavesenbuben unterstützt und erhielt deshalb Doppelsold. Die Pavesen waren außerordentlich solide gefertigt und häufig mit Wappen, Heiligenbildern oder biblischen Szenen kunstvoll bemalt. In der Regel konnten sie nicht von Armbrustbolzen durchschlagen werden. Auch gegen Handbüchsenkugeln boten sie einen gewissen Schutz. Man konnte die Pavesen mit Ketten zu einer Art Schildwall zusammenfügen; in ihrem Schutz konnten Fußknechte an belagerte Befestigungsanlagen heranrücken oder Armbrustschützen sicher an das feindliche Heer herangeführt werden.

„Geschützt durch den großen Setzschild konnten die zugehörigen Armbrust- oder Büchsenschützen ihre Waffen zum Einsatz bringen. War ein Gegner in unmittelbarer Reichweite, konnten hinter der Deckung hervor auch Schlag- oder Stichwaffen zum Einsatz kommen."[219]

Das böhmische Fußvolk wurde vor allem für den Belagerungskrieg verwendet. In einer offenen Feldschlacht unterstützte es die Reiterei. Die stets mitgeführte Wagenburg bot eine letzte Rückzugsmöglichkeit.

Alle Aussagen zur Besoldung für die zweite Hälfte des 15. Jahrhunderts sind naturgemäß ungenau, da die Höhe des Soldes im Anwerbungsvertrag jeweils neu festgelegt wurde. Es wurde in unterschiedlichen Währungen bezahlt. Der Sold konnte sich deshalb sogar innerhalb eines Feldzugs verändern. Böhmische Söldner wurden üblicherweise für zwei Wochen bezahlt. In den Kriegen Herzog Ludwigs IX. des Reichen von Bayern-Landshut gegen Markgraf Albrecht Achilles von Ansbach und Kulmbach von 1459 bis 1462 erhielt ein Reisiger einen rheinischen Gulden Sold pro Woche, Trabanten bekamen die Hälfte. Ein knappes halbes Jahrhundert später, im Landshuter Erbfolgekrieg, erhielt ein Reisiger zwei Rheinische Gulden, ein Trabant einen Gulden pro Woche. Der Sold eines böhmischen Fußknechts war ähnlich wie der eines deutschen Landsknechts. Zu der Besoldung kamen jedoch erhebliche weitere Kosten auf den Kriegsherren zu: Ausgaben für Kampfwagen und besondere Zahlungen an böhmische Söldnerunternehmer wären zu nennen. Vor allem aber hatte jeder böhmische Söldner Anspruch auf Schadenersatz für im Einsatz erlittene Schäden an Pferden, Waffen und Ausrüstung.

Die taktische Einheit der Trabanten war die Rotte. Sie bestand gewöhnlich aus zehn bis 15 Mann und wurde von einem Rottmeister angeführt. Diese Rotten wurden zu größeren Trabanteneinheiten von etwa 100 Mann vereinigt, die ein Hauptmann zu Pferd anführte.

Nach Feldzügen entstanden oft demokratisch organisierte Bruderschaften (*bratříci*) zur Interessendurchsetzung gegenüber dem Kriegsherrn, etwa beim Streit um ausstehenden Sold. Auch blieben böhmische Söldner mit anderen Kriegsknechten als längerfristige Söldnergesellschaften unter adeligen Hauptleuten beieinander und konnten von Kriegsherren verpflichtet werden, wie jene, die 1459 bis 1462 im Dienst Herzog Ludwigs des Reichen standen. Gerade jene wurden von den Chronisten geradezu als Schreckensbild gezeichnet, diese Söldner sollen sogar so weit gegangen sein, ihre im Kampf verwundeten Kameraden lebendig begraben zu haben, um sich so bei der Verteilung der Beute größere Anteile zu sichern.[220]

Der böhmische Söldnermarkt war fest in der Hand böhmischer und mährischer Hochadeliger. Ganz anders als bei den Landsknechten oder den Schweizer Reisläufern betätigten sie sich meist nicht als Führer der von ihnen aufgestellten Söldnerscharen. Hauptleute aus dem niederen Adel Böhmens führten die Soldtruppen auf den Kriegsschauplatz.

Es waren vor allem die westlichen und südlichen Räume Böhmens und Mährens, aus denen die Söldner kamen. Dies wiederum ist an sich schon ein Hinweis darauf, dass nicht alle, die von böhmischen adeligen Söldnerunternehmern geworben und von böhmischen

218 1469 kämpfte er im Auftrag Kaiser Friedrichs III. gegen Andreas Baumkircher, wurde aber am 21. Juli in der Schlacht bei Fürstenfeld geschlagen. Vgl. Ackerl, Isabella: Geschichte Österreichs in Daten: Von der Urzeit bis 1804, Wiesbaden 2012.

219 Tresp: Söldner aus Böhmen, S. 81.

220 Vgl. ebd. S. 99.

Anführern in den Kriegen und Fehden in deutschen Territorien befehligt wurden, ebenfalls Böhmen waren. Unter den Söldnern befanden sich Deutschstämmige aus dem Egerland, dem Böhmerwald und dem Bayerischen Wald genauso wie auch Ungarn und Polen. In den böhmischen Soldverbänden waren auch oberpfälzische und oberfränkische Adelige und solche aus Thüringen und dem Vogtland.

Böhmische Söldner standen auch im Dienst von Kaiser und Reich, so das Kontingent des Wenzel Wilczek von Czenova, der 1490 mit 3.000 Mann gegen die Ungarn in der Steiermark kämpfte. Da der Kaiser den Sold aber nicht bezahlen konnte, war es mit der Zusammenarbeit bald vorbei.[221]

Der Söldnerhandel war in der zweiten Hälfte des 15. Jahrhunderts längst losgelöst von religiösen Anschauungen. Der katholische Adel Böhmens beteiligte sich sogar noch mehr als der hussitische Adel am Söldnergeschäft. Angeworben wurden katholische Reiter und Trabanten ebenso wie hussitische. Und dennoch wurden böhmische Söldner (gleich welcher Konfession) weiterhin als „Hussiten" oder auch „Hussen" bezeichnet. Das war ein zweischneidiges Schwert: einerseits verbreitete der Name „Hussiten" immer noch eine gewisse Aura, andererseits fiel es der Gegenseite umso leichter, die Böhmen als abtrünnigen Ketzer zu beschimpfen.

Im bayerischen Raum wurden die Böhmen als wichtigste Söldnergruppe durch die Landsknechte erst mit dem Landshuter Erbfolgekrieg abgelöst.

221 *Vgl. Oestreichische militärische Zeitschrift, Band 2, Wien 1836, S. 83.*

Der Passauer Bischofsstreit 1480 bis 1482

Seit 1262 unterstand das Hochstift Passau nicht mehr der Schirmvogtei der bayerischen Herzöge, sondern war reichsunmittelbar.[222]

Nach dem Tode des alten Bischofs Ulrich von Nussdorf[223] am 2. September 1479 wählte das Passauer Domkapitel Friedrich Mauerkirchner[224] zum neuen Bischof. Der war Kanzler des Herzogs Georg von Bayern-Landshut. Zwischenzeitlich hatte aber Kaiser Friedrich III. mit der Zustimmung des Papstes Sixtus den Kardinal Georg Hessler[225] zum neuen Passauer Bischof bestimmt. Am 1. September 1480 schickte Hessler die päpstliche Bulle zu seiner Ernennung nach Passau und verlangte Einlass und Huldigung, er erhielt aber vom Magistrat eine ablehnende Antwort.

Sowohl der Kaiser als auch Herzog Georg verlangten nun von der Stadt Passau den Einlass für ihren jeweiligen Protegé. Zunächst wollte der Stadtrat Neutralität wahren. Am 5. November 1480 sollte es in der nahegelegenen Stadt Stein zu einem Zusammentreffen von Kardinal und Domkapitel kommen, auch Abgesandte der Passauer Bürgerschaft waren eingeladen, kamen aber nicht. Im Januar 1481 erhielt die Stadt Schreiben drohenden Inhalts, die Herzöge Georg von Bayern-Landshut und Albrecht von Bayern-München deuteten Strafmaßnahmen an, sollten die Passauer Kardinal Hessler einlassen. In einem Schreiben des Böhmenkönigs hingegen war von Repressalien die Rede, sollten die Passauer gerade das nicht tun. Kaiser Friedrich forderte die Passauer durch den Landeshauptmann von Oberösterreich, Bernhard von Scherffenberg, ultimativ auf, Hessler innerhalb von neun Tagen einzulassen. Der Magistrat Passaus schickte nun eine Gesandtschaft an den Kaiser. Das Kammergericht in Wien unter dem persönlichen Vorsitz des Kaisers entschied bei der leidigen Frage der Doppelbesetzung des Bischofsstuhls im September 1481 für Hessler – und die Anhänger Mauerkirchners wurden exkommuniziert. Daraufhin flohen diese[226] zum Teil auf die Feste Oberhaus, zum Teil nach Schärding.

Am 13. Oktober 1481 erschien Kardinal Hessler mit seinem Gefolge vor den Toren Passaus, der Eintritt wurde ihm aber verweigert. Daraufhin beschloss er, militärisch gegen die Stadt vorzugehen. Er ließ die in Österreich gelegenen passauischen Besitzungen St. Pölten und Mautern besetzen. Der Kaiser verhängte am 23. Januar 1482 über Passau die Reichsacht. Aber auch Gegenbischof Mauerkirchner erhielt Unterstützung: König Matthias Corvinus[227] von Ungarn sandte ihm 300 Mann, Herzog Georg schickte 50 Reiter und das zur Besetzung der beiden Festungen Oberhaus und Niederhaus notwendige Fußvolk unter dem Kommando von Ritter Andreas Schwarzensteiner.

222 *Das sollte bis zur Säkularisation 1803 so bleiben.*

223 *Er war seit 1451 Bischof von Passau und diente Kaiser Friedrich III. als Kanzler. 1468 schickte er eine Streitmacht gegen Böhmen aus, die Winterberg (Vimperk) zerstörte.*

224 *Seit 1446 war er Passauer Domherr, er verstarb im Jahre 1485.*

225 *Auch „Georg Hasler" genannt, er war seit 1477 Kardinal.*

226 *Es waren Weihbischof Albert, Domdechant Valentin Pernpöck und sieben Kapitularherren.*

227 *Er lebte von 1443 bis 1490, König war er seit 1458.*

Die Reenactmentgruppe Arma Georgii widmet sich der Darstellung der Böckler- und Löwlerkriege,
Foto Fred Wutz

Am 22. April unterwarf sich Passau aus Sorge über etwaige Folgen der Reichsacht dem Kardinal. Daraufhin verhängte Herzog Georg eine Handelssperre über die Stadt und schnitt sie so fast gänzlich von der Nahrungsmittelzufuhr ab. Schwarzensteiner erhielt den Befehl, den Einzug Hesslers mit allen Mitteln zu verhindern. Vom Oberhaus wurde die Stadt ein paar Mal beschossen und es kam zu Scharmützeln zwischen Passauer Bürgern und bischöflichen Söldnern unter Hauptmann Hanns von Dreswitz.

Die Passauer bauten mit der Hilfe des Büchsenmeisters des Kardinals auf einer Anhöhe in der Ilzstadt eine Bastion. Schwarzensteiner und der Kommandant des Niederhauses, Achaz Lohner, schickten der Stadt ihre Fehdebriefe. Daraufhin rief der Stadtrat förmlich den Kardinal zu Hilfe. Der erschien am 1. Juni in Begleitung des Herzogs Christoph von Bayern und 170 schwer gerüsteter Reiter. Herzog Christoph hatte mit Herzog Georg eigentlich ein freundschaftliches Verhältnis, jetzt aber sah er eine Chance, auf der Seite des Kaisers Meriten zu sammeln und so seine Möglichkeiten, an der Regentschaft des Herzogtums Bayern-München beteiligt zu werden, zu vergrößern.

Schwarzensteiner begann die Beschießung der Stadt und setzte die Ilzstadt mit Feuerpfeilen in Brand. Vier schwere steinerne Kugeln trafen die bischöfliche Residenz. Unter dem einfachen Volk wuchs der Unmut gegen den Kardinal und man hörte Beschimpfungen. Herzog Christoph leitete mit dem Stadthauptmann Vinzenz Pelchinger von der Bastion in der Ilzstadt die Beschießung des Niederhauses und erbeutete ein großes Geschütz, das Herzog Georg seinen Leuten auf der Feste Oberhaus zur Verstärkung geschickt hatte. Nun zog Herzog Georg höchstselbst vor die Stadt, er versuchte, die zwischen Ilzstadt und der Kernstadt befindliche Donaubrücke zu zerstören (ganz und gar vergeblich). Die Bürger von Windorf versuchten, Brandsätze an der Brücke zu befestigen, wurden dabei aber von den Fischern aus Passau entdeckt und vertrieben. Den größten Schaden richtete in der Stadt nicht einmal die Beschießung vom Oberhaus an, sondern die von Herzog Georg verhängte Handelssperre, die die Zufuhr an Lebensmitteln unterband. Zu den in der Folge der Mangelernährung Erkrankten gehörte auch Kardinal Hessler. Immerhin schossen die Passauer ganz wacker zurück, zu ihrem beachtlichen Arsenal gehörten drei Mörser und 26 längerrohrige Geschütze.

Bis zum 29. Juli 1482 zogen sich die Kampfhandlungen hin, am 1. August wurde zu Vilshofen ein Waffenstillstand geschlossen. Hessler erhielt das Bistum, Mauerkirchner wurde zu seinem Nachfolger designiert. Der Fall trat schon bald ein, denn Bischof Hessler verstarb schon am 21. September 1482 während einer Schiffsreise auf der Donau nahe Melk.

Die zum Reichsheer im Frühjahr 1492 aufgebotenen Truppen aus bayerischen[228] Territorien:

vom Bischof von Bamberg: 70 Reiter und sechs Wagen;
vom Bischof von Würzburg: 70 Reiter und 350 Fußknechte;
von Bischof von Augsburg: 40 Reiter und 270 Fußknechte;
aus der Stadt Augsburg: 40 Reiter, 250 Fußknechte, dazu acht Geschütze;
aus Nürnberg: 32 Reiter, 340 Fußknechte; dazu vier Geschütze;
aus Dinkelsbühl: neun Reiter und 610 Fußknechte (*unter Hauptmann Fuchs von Maienfels*);
aus Memmingen: 25 Reiter und 90 Fußknechte (*unter Hauptmann Stedenhaber*);
aus Lindau: acht Reiter und 40 Fußknechte (*unter Hauptmann Metzler*);
aus Kempten: drei Reiter, 40 Fußknechte und ein Geschütz (unter *Veit Sadlerz*)
aus Kaufbeuren: acht Reiter und 42 Fußknechte (*unter Hauptmann Schweikard*);
aus Donauwörth: sechs Reiter und 28 Fußknechte;
aus Schweinfurt: drei Reiter und 20 Fußknechte;
aus Nördlingen: 24 Reiter, 350 Fußknechte, dazu vier Geschütze (*unter Reinwald von Werding*);

Angaben nach Würdinger, Joseph: Kriegsgeschichte von Bayern, Franken, Pfalz und Schwaben, München 1868, S. 160

228 *Damit sind Gebiete gemeint, die zum späteren Königreich Bayern bzw. zum heutigen Bundesland Bayern gehören.*

Liste der Gründungsmitglieder des Löwlerbundes:

Sebastian Pflug zum Rabenstein;
Anarch zu Wildenfels;
Hans V. von Degenberg;
Bernhardin von Stauff zu Ehrenfels;
Hinzig (*Hynczik*) Pflug zum Rabenstein;
Hieronymus von Stauff zu Ehrenfels:
Herrmann Haibeck;
Jörg Zenger zu Schneeberg;
Heinrich Nothaft zu Wernberg;
Hans von Stauf zu Günching;
Ludwig von Murach zu Niedermurach;
Hans von Parsberg zu Flügelsberg;
Hans Judmann zu Affecking;
Georg von Waldau;
Hans Paulsdorfer der Ältere;
Jobst Zenger zu Schneeberg;
Hans Zenger zu Trausnitz;
Georg Nothaft zu Wernberg;
Peter Rainer zu Rain;
Sebastian von Waldau;
Albrecht von Murach zu Guteneck;
Sigmund von Sattelbogen zu Arnschwang;
Erasmus Paulsdorfer zu der Kürn;
Dietrich Hofer zum Lobenstein;
Hans Nothaft zu Weißenstein;
Wilhelm von Raidenbuch zu Steffling;
Paulus Leiblfinger zum Hautzenstein;
Christoph Rainer zu Rain;
Christoph Zenger zum Schwarzenberg;
Wilhelm Paulsdorfer zu der Kürn;
Caspar Nothaft zu Wernberg;
Hieronymus Nußberger zu der Linden;
Heinrich von Absberg zu Rumburg;
Marx Warter zu Steinach;
Hans Türlinger zu Kamerau;
Hans Tröswitzer zu der Rottenstadt;
Hans Stein zu Radendorf;
Wilhelm Stein zu Radendorf;
Ulrich Elsenbeck zu Gütting;
Oswald Gleissenthaler zu Teltsch,
Balthasar Bertoldshofer zu Fronhof;
Balthasar Warberger zu Kürnberg;
Heinrich Lichtenecker zu Wölfring;
Jörg Pleysteiner zum Hof;
Hanns Mausheimer zu Rott;
Wilhelm Schlammersdorfer zu Gleiritsch.

Angaben nach: Gartner, Michael: Die Landsassenfreyheit in der obern Pfalz, Landshut 1807, S. 12.

Literaturhinweise:

Achnitz, Wolfgang (Hg.): *Deutsches Literatur-Lexikon*, Das Mittelalter, Band 3: Reiseberichte und Geschichtsdichtung, Berlin und Boston 2012.

Ackerl, Isabella: *Geschichte Österreichs in Daten: Von der Urzeit bis 1804*, Wiesbaden 2012.

Alckens, August: *Herzog Christoph der Starke von Bayern-München*, Mainburg 1975.

Althoff, Gerd: *Schranken der Gewalt*; Wie gewalttätig war das „finstere Mittelalter"? in: Horst Brunner (Hg.), Der Krieg im Mittelalter und in der Frühen Neuzeit; Gründe, Begründungen, Bilder, Bräuche, Recht, Wiesbaden 1999, S. 1–23.

Ammerich, Hans: *Das Bistum Speyer und seine Geschichte*. Band 2: Von der Stauferzeit (1125) bis zum Beginn des 16. Jahrhunderts, Kehl am Rhein 1999.

Andermann, Kurt: *Der Überfall im württembergischen Geleit von Markgröningen 1459*, in: Aus südwestdeutscher Geschichte, Stuttgart 1994.

Andreas von Regensburg: *Chronica de principibus terrae Bavarorum*, in: Georg Leidinger (Hg.): Sämtliche Werke, München 1903.

Becker, Hans-Jürgen (Hg.): *Der Pfälzer Löwe in Bayern*. Zur Geschichte der Oberpfalz, Regensburg 1997.

Bogner, Katrin: *Herzog Albrecht IV. und Regensburg – Eine Reichsstadt im Fokus machtpolitischer Auseinandersetzung zwischen Kaiser und Herzog*, Norderstedt 2007.

Boller, Friedrich von: *Notizen über die Burg Möhren und das dazu gehörige Dorf Gundelsheim am Hanenkam*, Ansbach 1834.

Bosl, Karl: *Bayerische Geschichte*, München 1979.

Brenner-Schäffer, Wilhelm: *Geschichte der Stadt Weiden im Königlich- Bayerischen Regierungsbezirke der Oberpfalz und von Regensburg*, Regensburg 1853.

Bruckbräu, Friedrich Wilhelm: *Christoph der Kämpfer, Herzog von Bayern*, oder: *Der Löwenbund*, Augsburg 1844.

Buchner, Andreas: *Geschichte von Bayern*, Sechstes Buch, München 1840.

Bünz, Enno und Herbers, Klaus (Hg.): *Der Jakobuskult in Sachsen*, Tübingen 2007.

Delbrück, Hans: *Geschichte der Kriegskunst im Rahmen der politischen Geschichte*, Band 4, Berlin 1920.

Deuerlein, Ernst: Geschichte Bayerns, Würzburg 1975.

Dicker, Stefan: *Landesbewusstsein und Zeitgeschehen*: Studien zur bayerischen Chronistik des 15. Jahrhunderts; Köln, Weimar und Wien 2009.

Dollinger, Peter und Stark, Nicolaus: *Die Grafen und Reichsherren zu Abensberg*, Landshut 1869.

Embleton, Gerry u. Howe, John: *Söldnerleben im Mittelalter*, Stuttgart 1996.

Erhard, Alexander: *Geschichte der Stadt Passau*, Erster Band, Passau 1862.

Esders, Stefan (Hg.): *Rechtsverständnis und Konfliktbewältigung*: gerichtliche und außergerichtliche Strategien im Mittelalter, Köln u.a. 2007.

Fiedler, Siegfried: *Taktik und Strategie der Landsknechte, 1500–1650*, Augsburg 2002.

Frese, Peter (u.a.): *Alte Burgen, schöne Schlösser*, Eine romantische Deutschlandreise, Stuttgart 1980.

Gartner, Michael: *Die Landsassenfreyheit in der obern Pfalz*, Landshut 1807.

Funcken, Fred u. Liliane: *Rüstungen und Kriegsgerät im Mittelalter*, München 1979.

Gemeiner, Carl Theodor: *Die Regensburgische Chronik*: Stadt Regensburgische Jahrbücher vom Jahre 1430 bis zum Jahre 1496, Regensburg 1821.

Gravett, Christopher und McBride, Angus: *German medieval armies 1300–1500*, Oxford 1998.

Grueber, Bernhard: *Der bayrische Wald (Böhmerwald)*, Regensburg 1846.

Gumpelzhaimer, Christian Gottlieb: *Regensburg's Geschichte, Sagen und Merkwürdigkeiten von den ältesten bis auf die neuesten Zeiten*, Zweiter Band, Regensburg 1837.

Hamann, Brigitte (Hg.): *Die Habsburger*, Ein biographisches Lexikon, Wien 1988.

Hartmann, Peter Claus: *Bayerns Weg in die Gegenwart*. Vom Stammesherzogtum zum Freistaat heute, Regensburg 2004.

Hefner, Otto Titan von: *Geschichte der Regierung Albrecht IV.*, Herzogs in Bayern, München 1852.

Hill, Jens und Freiberg, Jonas: *Krieger, Waffen und Rüstungen im Mittelalter 800–1500*, Herne 2013.

Historischer Verein für den Regenkreis (Hg.): *Verhandlungen des historischen Vereins für den Regenkreis*, Erster Jahrgang, Zweites Heft, Regensburg 1832.

Historischer Verein für Oberpfalz und Regensburg (Hg.): *Verhandlungen des Historischen Vereins für Oberpfalz und Regensburg*, Band 10, Regensburg 1846.

Holleger, Manfred: Maximilian I. (1459–1519), Herrscher und Mensch einer Zeitenwende, Stuttgart 2005.

Hubensteiner, Benno: *Bayerische Geschichte*, Rosenheim 2006.

Huber, Gerald Nikolaus: *Die Reichen Herzöge, Bayerns goldenes Jahrhundert*, Regensburg 2013.

Huber, Gerald Nikolaus: *Kleine Geschichte Niederbayerns*, Regensburg 2015.

Klüpfel, Karl (Hg.): *Urkunden zur Geschichte des Schwäbischen Bundes, 1488–1533*, Erster Teil, Stuttgart 1846.

Kneschke, Ernst Heinrich (Hg.): *Neues allgemeines Deutsches Adels-Lexicon*, Band 7, Leipzig 1867.

Köbler, Gerhard: *Historisches Lexikon der Deutschen Länder*: die deutschen Territorien vom Mittelalter bis zur Gegenwart, München 1988.

Kramer, Daniel Robert: *Das Söldnerwesen*, Militärisches Unternehmertum in der Genese des internationalen Systems, Wiesbaden 2010.

Kraus, Andreas: *Geschichte Bayerns*, Von den Anfängen bis zur Gegenwart, München 1983.

Kraus, Andreas: *Sammlung der Kräfte und Aufschwung (1450–1508)*, in: Handbuch der bayerischen Geschichte, Band 2, München 1988.

Kraus, Viktor Ritter von: *Deutsche Geschichte im Ausgange des Mittelalters (1438–1519)*, Erster Band, Stuttgart 1905.

Krey, Hans-Josef: *Herrschaftskrisen und Landeseinheit*; Die Straubinger und Münchner Landstände unter Herzog Albrecht IV. von Bayern-München, Aachen 2005

Krieg von Hochfelden, Georg Heinrich: *Geschichte der Militär-Architektur in Deutschland*, Stuttgart 1859.

Kruse, Holger; Paravicini, Werner und Andreas Ranft (Hg.): *Ritterorden und Adelsgesellschaften im spätmittelalterlichen Deutschland*, Frankfurt am Main u.a. 1991.

Lachmann u.a.: *eyn rohr aus eisern stangen*, Zur Geschichte des Stabringgeschützes „Faule Magd“, Dresden o.J.

Landois, Antonia: *Gelehrtentum und Patrizierstand*: Wirkungskreise des Nürnberger Humanisten Sixtus Tucher (1459–1507), Tübingen 2014.

Lehnart, Ulrich: *Kleidung und Waffen der Spätgotik*, Band III (1420–1480), Waldmichelbach 2005.

Leidl, August: *Kleine Passauer Bistumsgeschichte*, Passau 1989.

Leitner, Ulrich: *Corpus Intra Muros*: Eine Kulturgeschichte räumlich gebildeter Körper, Bielefeld 2017.

Lipowsky, Felix Joseph: *Herzog Christoph, oder der Kampf über Mitregierung in Baiern*, München 1818.

Lukas, Joseph: *Geschichte der Stadt und Pfarrei Cham*, Landshut 1862.

Märtl, Claudia: *Straubing, Die Hinrichtung der Agnes Bernauer 1435*, in: Alois Schmid und Katharina Weigand: Schauplätze der Geschichte in Bayern, München 2003.

Mannert, Konrad: *Die Geschichte Bayerns*, Erster Teil, Leipzig 1826.

Matheson, Peter: *Argula von Grumbach*, Eine Biografie, Göttingen 2014.

Mayer, Joseph Maria: *Das Regentenhaus Wittelsbach* oder: Geschichte Bayerns, Regensburg 1880.

Mengein, Anton: *Kurze Geschichte des Königreiches Bayern für den Schul- und Selbst-Unterricht*, München 1841.

Menzel, Thomas: *Der Fürst als Feldherr*, Militärisches Handeln und Selbstdarstellung zwischen 1470 und 1550. Dargestellt an ausgewählten Beispielen, Berlin 2003.

Messner, Florian; Ollesch, Detlef; Seehase, Hagen und Vaucher, Thomas: *Der Engadiner Krieg*, Eine Reise in die Renaissance, Eltville 2016.

Meyer, Werner und Lessing, Erich: *Deutsche Ritter, Deutsche Burgen*, Stuttgart 1976.

Michael, Nicholas und Embleton, Gerry: *Armies of medieval Burgundy*, 1364–1477, London 1983.

Miller, Douglas u. Embleton, Gerry: *The Swiss at war, 1300–1500*, London 1979.

Mone, F.J. (Hg.): *Zeitschrift für die Geschichte des Oberrheins*, Band 6, Karlsruhe 1855.

Moosauer, Donatus und Wöhrl, Jochen: *Burgen und Schlösser in Niederbayern*, Passau 1991.

Müller, Johann Nepomuck: *Chronik der Stadt Hemau*, Regensburg 1861.

Mussinan, Joseph Anton Ritter von: *Geschichte des Löwler Bundes unter dem baierischen Herzog Albert IV. vom Jahre 1488 bis 1495*, München 1817.

Nicolle, David und McBride, Angus: *Hungary and the fall of eastern Europe 1000–1568*, London 1988.

Nicolle, David: *Medieval Warfare Source Book*, Warfare in Western Christendom, London 1999.

Nöhbauer, Hans F.: *Die Wittelsbacher, Eine deutsche Chronik – eine europäische Dynastie*, Bern und München 1979.

Oestreichische militärische Zeitschrift, Band 2, Wien 1836.

Ollesch, Detlef und Seehase, Hagen: *Kurfürst Friedrich der Siegreiche von der Pfalz*, Petersberg 2013.

Oprotkowitz, Axel: *Hans Thomas von Absberg* – ein Raubritter von ganz besonderem „Schlag", in: Seehase, Hagen und Ollesch, Detlef (Hg.): Schräge Vögel der deutschen Geschichte, Rheinbach 2015.

Ortenburg, Georg: *Waffen der Landsknechte, 1500–1650*, Augsburg 2002.

Paulus, Christof: *Machtfelder*; Herzog Albrecht IV. von Bayern (1447/1465–1508) zwischen Dynastie, Territorium und Reich, Böhlau u. a. 2015.

Prokop Freiherr von Freyberg, Maximilian: *Pragmatische Geschichte der bayerischen Gesetzgebung und Staatsverwaltung seit den Zeiten Maximilian I.*, Leipzig 1839.

Pfann, Eduard: *Zur Geschichte des Schwäbischen Bundes: von seiner Gründung, 1487, bis zum Tode Kaiser´s Friedrich III.*, 1493, 1861.

Pfistermeister, Ursula: *Burgen und Schlösser im Bayerischen Wald*, Regensburg 1997.

Rall, Hans und Rall, Marga: *Die Wittelsbacher*, Von Otto I. bis Elisabeth I., Graz, Wien und Köln 1986.

Reid, William: *Buch der Waffen*, Von der Steinzeit bis zur Gegenwart, Düsseldorf u. Wien o.J.

Reinle, Christine: *Bauernfehden* – Studien zur Fehdeführung Nichtadliger im spätmittelalterlichen römisch-deutschen Reich, besonders in den bayrischen Herzogtümern; Stuttgart 2003.

Reinoß, Herbert: *Zeugen unserer Vergangenheit erzählen die deutsche Geschichte*, Gütersloh o.J.

Riezler, Sigmund Ritter von: *Christoph, Herzog von Bayern*, in: Allgemeine Deutsche Biographie, Band 4, Leipzig 1876.

Riezler, Sigmund Ritter von: *Sigmund, Herzog von Bayern-München*, in: Allgemeine Deutsche Biographie, Band 34, Leipzig 1892.

Rudhart, Ignaz: *Die Geschichte der Landstände in Bayern*, Erster Band, Heidelberg 1816.

Schaab, Carl Anton: *Geschichte des großen rheinischen Städtebundes*, Band 2, Mainz 1845.

Schiener, Anna: *Kleine Geschichte der Oberpfalz*, Regensburg 2011.

Schmidtchen,Volker: *Bombarden, Befestigungen, Büchsenmeister;* Düsseldorf 1977.

Schwarz, Jörg: *Von Pavia nach München*, Wittelsbachische Erbeinungen im 14. und 15. Jahrhundert im Spannungsfeld von Teilherzogtum und Primogenitur, in: Müller, Mario; Spieß, Karl-Heinz und Tresp, Uwe: Erbeinungen und Erbverbrüderungen im Mittelalter und Früher Neuzeit, Generationsübergreifende Verträge und Strategien im europäischen Vergleich, Berlin 2014, S. 43–54.

Silbernagl, Isidor: *Albrecht IV., der Weise, Herzog von Bayern, und seine Regierung*, München 1857.

Stahleder, Helmuth: *Chronik der Stadt München*, Band 1, Ebenhausen 1995.

Strobel, Adam Walther: *Vaterländische Geschichte des Elsasses von der frühesten Zeit bis zur Revolution 1789*, Band II, Straßburg 1851.

Tresp, Uwe: *Söldner aus Böhmen, Im Dienst deutscher Fürsten*: Kriegsgeschäft und Heeresorganisation im 15. Jahrhundert, Paderborn 2004.

Voigt, Johannes: *Ueber die Gefangenschaft des Herzogs Christoph von Bayern*, München 1854.

Volckert, Wilhelm: *Geschichte Bayerns*, München 2016.

Weber, Georg: Geschichte der Völker und Staaten im Uebergang vom Mittelalter zur Neuzeit mit besonderer Berücksichtigung des Geistes- und Culturlebens, Leipzig 1872.

Weißthanner, Alois: *Der Kampf um die bayerisch-böhmische Grenze von Furth bis Eisenstein*, Von den Hussitenkriegen bis zum Dreißigjährigen Kriege mit besonderer Berücksichtigung siedlungsgeschichtlicher Verhältnisse, in: Verhandlungen des historischen Vereins für Oberpfalz und Regensburg 89, S. 187–358, Regensburg 1939.

Weithmann, Michael: *Burgen und Schlösser in Niederbayern* – Führer zu Burgen und Schlössern im Bayerwald, zwischen Donau, Isar und unterem Inntal, Straubing 2013.

Werner, Günther T.: *Burgen, Schlösser und Ruinen im Bayerischen Wald*, Regensburg 1979.

Westenrieder, Lorenz von: Handbuch der baierischen Geschichte, Nürnberg 1820.

Wild, Joachim: *Die Herzöge von Straubing und Ingolstadt. Residenzstädte auf Zeit*, in: Alois Schmid und Katharina Weigand (Hg.), *Die Herrscher Bayerns*, München 2001, S. 118–129.

Wolf, Susanne: *Die Doppelregierung Kaiser Friedrich III. und König Maximilian (1487–1493)*, Köln, Weimar und Wien 2005.

Würdinger, Joseph: *Kriegsgeschichte von Bayern*, Franken, Pfalz und Schwaben, München 1868.

Wurzbach von Tannenberg, Constantin: *Habsburg und Habsburg-Lothringen*: eine biblio-biographisch-genealogische Studie, Wien 1861.

Ziegler, Walter: *Die Wittelsbacher und der böhmische Königsthron, in: Alois Schmid und Hermann Rumschöttel* (Hg.): Wittelsbacher-Studien. Festgabe für Herzog Franz von Bayern zum 80. Geburtstag (= Schriftenreihe zur bayerischen Landesgeschichte, Band 166), München 2013.

Zschokke, Heinrich: *Der Baierischen Geschichten* Drittes und Viertes Buch, Aarau 1815.

Zschokke, Heinrich: *Der Baierischen Geschichten* Fünftes Buch, Aarau 1816.

Heere & Waffen ~ Heft 32

Hagen Seehase & Florian Messner

Die Ennetbirgischen Feldzüge

Als die "Ennetbirgischen Feldzüge" gelten die Eroberungszüge der Eidgenossen über die Alpenpässe nach Süden. Hauptgegner waren die Mailänder, das Kriegsglück war wechselhaft und große Siege wie jener bei Giornico stehen katastrophalen Niederlagen wie jener von Arbedo gegenüber. Die Überquerung des Alpenhauptkammes stellte die spätmittelalterlichen Heere vor ungeheure Herausforderungen.
Für kurze Zeit stieg die Eidgenossenschaft in den Rang einer europäischen Großmacht auf. Geblieben ist davon die Zugehörigkeit des mehrheitlich italienischsprachigen Kantons Tessin zur Schweiz.
Dieses Buch stellt die Feldzüge der Innerschweizer und Walliser gegen Mailand dar, wie auch die Konflikte der Graubündner mit dem Herzogtum Mailand. Die Kämpfe der Eidgenossen in Norditalien für und gegen die französische Krone werden beschrieben ebenso wie die Gründungsphase der päpstlichen Schweizergarde.
Die Autoren gehen auch auf die internen Konflikte der Schweizer im Zusammenhang mit den Ennetbirgischen Feldzügen ein. Die Heere der Eidgenossen und ihrer Gegner werden ausführlich hinsichtlich Zusammensetzung, Bewaffnung, Taktik usw. porträtiert. Es enthält ein umfangreiches Literaturverzeichnis.

Zeitgenössische Abbildungen, Karten, Bilder internationaler Re-enactment-Gruppen. 100 Seiten